AF539006

कारगिल के परमवीर

कैप्टन विक्रम बत्रा

कारगिल के परमवीर
कैप्टन विक्रम बत्रा

जी.एल. बत्रा

प्रकाशक • **प्रभात प्रकाशन प्रा. लि.**
4/19 आसफ अली रोड,
नई दिल्ली–110002
सर्वाधिकार • सुरक्षित
संस्करण • 2026
मूल्य • चार सौ रुपए
अनुवाद • अमरनाथ श्रीवास्तव
मुद्रक • आर-टेक ऑफसेट प्रिंटर्स, दिल्ली

Kargil Ke Paramvir CAPTAIN VIKRAM BATRA
by Shri G.L. Batra ₹ 400.00
(Hindi translation of
'Param Vir Vikram Batra : The Sher Shah of Kargil')
Published by Prabhat Prakashan Pvt. Ltd., 4/19 Asaf Ali Road, New Delhi-2
e-mail: prabhatbooks@gmail.com ISBN 978-93-5266-428-3

मातृभूमि के वीर सपूत

मेरे बेटे कैप्टन विक्रम बत्रा, पी.वी.सी.

की याद में

धर्म, दर्शन, विज्ञान, विविध लोगों और चीजों के बारे में आप जो कुछ सोचते हैं, विश्वास करते हैं, वे विश्वास ही आपके जीवन में रंग भरते हैं, परंतु सबसे महत्त्वपूर्ण यह है कि आप अपने बारे में क्या सोचते हैं, क्योंकि आप, आप ही रहने वाले हैं, कोई और नहीं हो सकते और आप अपने बारे में क्या सोचते हैं, उसका बहुत निकट-संबंध इस बात से है कि आप दूसरी तमाम चीजों के बारे में क्या सोचते हैं।

—कैप्टन विक्रम बत्रा की डायरी से उद्धृत

प्राक्कथन

मेरे पिताजी जम्मू-कश्मीर के महाराजा हरिसिंह की सेना में कार्यरत थे, जिसे बाद में भारतीय सेना में मिला लिया गया था। ध्यातव्य है कि उस समय यही एकमात्र ऐसी रियासती सेना थी, जो एक रेजीमेंट के रूप में अपनी स्वतंत्र पहचान बनाए हुए थी। इस सेना में जनरल जोरावर सिंह, जनरल बाज सिंह, कर्नल बस्ती राम और 'महावीर चक्र' विजेता बिग्रेडियर रजिंदर सिंह, जिन्हें 1947 में श्रीनगर को बचाने का श्रेय जाता है, जैसे युद्ध-नायक थे। मेरे बड़े भाई कैप्टन एस.आर. बख्शी ने वर्ष 1963 में रेजीमेंट ज्वाइन की थी; 1965 की लड़ाई में वे शहीद हो गए। वर्ष 1990-91 के दौरान कारगिल में प्रमुख सैनिक झड़पों में मैंने स्वयं 6, जम्मू-कश्मीर राइफल्स का नेतृत्व किया था। 6 दिसंबर, 1997 को विक्रम बत्रा को जम्मू-कश्मीर राइफल्स की 13वीं बटालियन में नियुक्त किया गया। उसके दो वर्ष बाद इस बटालियन को जम्मू-कश्मीर की सबसे बड़ी लड़ाई में तैनात किया गया, जिसमें तोलोलिंग सेक्टर में उन्होंने बहुत बहादुरी से दुश्मन का मुकाबला किया, जिसके कारण युद्ध में एक नया मोड़ आया और अब हार को जीत में बदलते देखा जा रहा था। प्वॉइंट 5140 इस पूरे सेक्टर की सबसे दुर्गम चोटी थी। राजस्थान राइफल्स द्वारा तोलोलिंग पर कब्जा जमा लेने के बाद विक्रम और उनके जवानों को प्वॉइंट 5140 पर कब्जा करने का आदेश मिला। आदेश मिलते ही विक्रम अपने जवानों को लेकर एफिल टावर जैसी इस चोटी पर अप्रत्याशित दिशा से चढ़ने लगे और दुश्मन सेना के साथ आमने-सामने की कठिन चढ़ाई के

बाद वे इस रणनीतिक चोटी से दुश्मन को खदड़ने में कामयाब रहे। विक्रम की जानी-पहचानी युद्ध-ललकार—'ये दिल माँगे मोर'—जवानों में जबरदस्त उत्साह भर देती थी। जानी-मानी पत्रकार बरखा दत्त ने इसे दुनियाभर में गुंजायमान कर दिया और विक्रम कारगिल युद्ध के एक युवा नायक बन गए। किसी बटालियन के लिए यह कोई कम उपलब्धि नहीं थी। तेरहवीं जम्मू-कश्मीर राइफल्स को पुनर्संगठित किया गया और उसे एक अन्य भीषण हमले में लगा दिया गया। उस समय विक्रम ज्वर से पीड़ित थे, लेकिन उन्होंने प्वॉइंट 4875 पर बनी दुश्मन की चौकी पर हमले में शामिल होने का आग्रह किया। दुश्मन की यह चौकी बहुत अभेद्य और सुरक्षित थी। बटालियन को भारी नुकसान उठाना पड़ा। स्थिति की गंभीरता को समझते हुए विक्रम स्वयं हमले का नेतृत्व करने के लिए तैयार हुए। अपने जवानों को लेकर वे उस ऊर्ध्वाधर चोटी पर चढ़ने लगे और दुश्मन के साथ आमने-सामने की लड़ाई में उन्होंने अकेले पाँच पाकिस्तानी सैनिकों को मार गिराया। चीते जैसे अदम्य साहस और फुर्ती के साथ उन्हें लड़ता देख उनके साथी जवान भी तेजी से आगे बढ़ने लगे। दुश्मन सेना के सैनिक भाग खड़े हुए, उनमें से कई मारे भी गए। अपने एक घायल जवान को सुरक्षित स्थान पर ले जाते समय विक्रम मारे गए। युद्ध के मैदान में साथी जवान को बचाने के लिए किए जानेवाले बलिदान का यह उत्कृष्ट उदाहरण है, जो आत्मा को झकझोर देनेवाला है। कैप्टन विक्रम बत्रा को मरणोपरांत भारत के सबसे बड़े वीरता पुरस्कार 'परमवीर चक्र' से सम्मानित किया गया। वर्ष 2008 में 'इंडियन वार कॉमिक' के रूप में महान वीरता की इस गाथा को सहेजना मेरे परिवार के लिए सौभाग्य की बात है। हमारे 'परमवीर चक्र' और 'अशोक चक्र' विजेताओं के जीवन और कार्यों पर इस श्रृंखला की शुरुआत मेरे पुत्र आदित्य ने की थी। हमारी रेजीमेंट और देश के लिए उन्होंने जो गौरव अर्जित किया, उसे साझा करते हुए आज मुझे बहुत प्रसन्नता हो रही है। वीरों में भी वीर, भारत के एक सच्चे सपूत के पिता और परिवार के द्वारा सृजित इस पुस्तक को देखकर मुझे बहुत अच्छा लग रहा है। निश्चित रूप से इससे उस पिता को अपने बहादुर जवान बेटे को

खोने का दर्द कुछ कम होगा। वीरों में भी वीर विक्रम बत्रा का नाम हमारे युद्ध-नायकों में शुमार हो गया है। दिलचस्प बात है कि कारगिल की लड़ाई में 13, जम्मू-कश्मीर राइफल्स को एक नहीं, दो-दो 'परमवीर चक्र' मिले थे। हमारे सैन्य इतिहास में यह एक अभूतपूर्व उपलब्धि रही है।

—मेजर जनरल (डॉ.) जी.डी. बख्शी,

—एस.एम., वी.एस.एम. (से.नि.)

संदेश

'शेरशाह' के रूप में एक सबसे अच्छे ऑफिसर, जिनके साथ मुझे काम करने का गौरव प्राप्त रहा, के बारे में लिखते हुए मुझे गर्व की अनुभूति हो रही है। विक्रम ने देश और सेना के लिए जो कुछ किया, उसे शब्दों में बयाँ नहीं किया जा सकता है।

दुनिया में ऐसे लोग गिने-चुने होते हैं, जो अपने साहस और बहादुरी से इतिहास के पन्नों पर अपनी अमिट छाप छोड़ जाते हैं। विक्रम बत्रा उनमें से एक हैं, जो आज भारत के घर-घर में साहस और बहादुरी का पर्याय बन गए हैं।

दिसंबर 1997 में आई.एम.ए., देहरादून से कमीशन प्राप्त करके विक्रम ने सोपोर (जम्मू-कश्मीर) में 'ब्रेवेस्ट ऑफ द ब्रेव' फैमिली ज्वॉइन की, जहाँ अपने अदम्य उत्साह और ऊर्जा से उन्होंने अपनी निष्ठा, दृढ निश्चय और समर्पण का परिचय देते हुए जल्दी ही बटालियन में अपनी अलग जगह बना ली। साहस, कर्मठता और जीवटता विक्रम में कूट-कूटकर भरी हुई थी।

मुझे याद आता है, जब हम प्वॉइंट 5140 पर हमले की योजना बना रहे थे, विक्रम 'डी' कंपनी कमांडर थे, उन्हें चोटी पर कब्जा करने की जिम्मेदारी सौंपी गई थी। जब हम अपने अस्थायी ऑपरेशन रूम से बाहर निकले, तो मैंने विक्रम से पूछा कि चोटी पर कब्जा करने के बाद हमारा विजय संकेत क्या होगा; उन्होंने बताया, 'ये दिल माँगे मोर'। इस पर मैं थोड़ा हैरान हुआ, क्योंकि विजय संकेत सैनिक शब्दावली से बिल्कुल अलग था। इस पर स्पष्टीकरण

देते हुए उन्होंने कहा कि प्वॉइंट 5140 पर दुश्मन के बंकरों पर कब्जा करने के बाद वह कुछ और बंकरों पर कब्जा करने की कोशिश करेंगे। उस समय मैंने इस ओर ज्यादा ध्यान नहीं दिया, लेकिन प्वॉइंट 5140 पर कब्जा करने के बाद जब उन्होंने यह विजय संकेत दिया तो कारगिल में सैनिक अभियान का एक लोकप्रिय नारा बन गया।

जून 1999 के कारगिल युद्ध के दौरान प्वॉइंट 5140 और उसके बाद प्वॉइंट 4875 पर कब्जा करने में कैप्टन विक्रम बत्रा ने जिस साहस, पराक्रम और जबरदस्त नेतृत्व कौशल का प्रदर्शन किया, वह आज हमारी लोकगाथा का एक हिस्सा बन गया है, जिससे हमारी आगे आनेवाली पीढ़ी प्रेरणा लेती रहेगी। एक बहादुर ऑफिसर होने के साथ-साथ वे अपने साथी जवानों के प्रति भी सहृदय थे। मीडिया को दिए एक साक्षात्कार में उन्होंने कहा था कि युद्ध के बाद वह युद्ध में अपने प्राण न्योछावर करनेवाले जवानों के परिवारों के कल्याण के लिए कुछ करना चाहते हैं। इसे विडंबना ही कहा जाएगा कि 7 जुलाई, 1999 को जब यह साक्षात्कार टी.वी. पर प्रसारित किया जा रहा था, उस समय प्वॉइंट 4875 पर कब्जा करने के दौरान वे स्वयं सर्वोच्च बलिदान कर चुके थे।

में श्री जी.एल. बत्रा के प्रति आभार प्रकट करना चाहता हूँ, जिन्होंने कारगिल युद्ध के दौरान भारतीय सेना का चेहरा बने विक्रम के जीवन के बारे में जानकारी देनेवाली इस पुस्तक का सृजन किया। पुस्तक को पढ़ते हुए आप महसूस करेंगे कि किस प्रकार एक युवक के रूप में विक्रम ने अधिक वेतनवाली मर्चेंट नेवी की नौकरी छोड़कर इंडियन आर्मी ज्वॉइन की और 19 महीने की सेवा पूरी होते-होते मात्र 24 वर्ष की नाजुक उम्र में वीरगति को प्राप्त हुए। अपने इस सर्वोच्च बलिदान से भारतीय सेना की उदात्त परंपरा को कायम रखते हुए वे हमारी आनेवाली पीढ़ियों को प्रेरणा देते रहेंगे।

—मेजर जनरल वाई.के. जोशी,

अतिविशिष्ट सेवा पदक, सेवा
पदक, वीर चक्र

संदेश

कारगिल युद्ध में साहस, कर्तव्य और बलिदान का पर्याय बने पालमपुर के नौजवान विक्रम बत्रा के लिए श्रद्धांजलि संदेश लिखते हुए मुझे अपूर्व गौरव की अनुभूति हो रही है। उनकी कर्तव्यनिष्ठा और मिलनसार स्वभाव मुझे याद है, जिसमें हर किसी को अपनी ओर आकर्षित करने की क्षमता थी। विक्रम और उनकी बटालियन के जवानों में जो साहस था, उसे देखकर हर कमांडर उन्हें अपने साथ लेकर चलने को तैयार रहता था।

विक्रम की बटालियन 13, जम्मू-कश्मीर राइफल्स सोपोर में तैनात थी, जबकि 8 माउंटेन डिवीजन घाटी में विद्रोही गतिविधियों के खिलाफ अभियान में जुटी थी। वहाँ से उन्हें अपनी शांतिकालीन भूमिका में शाहजहाँपुर (उत्तर प्रदेश) जाना था, परंतु नियति ने उनके लिए कुछ और ही तय कर रखा था—कारगिल की लड़ाई में वह महान गौरव और सम्मान, जिसके लिए सेना की कोई भी यूनिट मरने-मिटने को तैयार रहती है।

कारगिल युद्ध में विक्रम और उनकी बटालियन मेरी डिवीजन का एक हिस्सा थे। कारगिल की लड़ाई बहुत ही प्रतिकूल जमीनी और मौसमी दशाओं में लड़ी गई। अपनी बटालियन के प्रति समर्पण की भावना का जीता-जागता उदाहरण थे विक्रम। एक नेता के रूप में वह आत्मविश्वास से भरपूर और आकर्षक व्यक्तित्व के धनी थे। वे अपनी यूनिट, अपनी कमान और अपने कर्तव्य के प्रति समर्पित थे; हर कीमत पर जीत और सफलता हासिल करना उनके स्वभाव का हिस्सा था।

यह पुस्तक एक पिता द्वारा अपने बेटे के उस छोटे किंतु अतिविशिष्ट और अति गौरवशाली जीवन पर लिखी गई जीवनगाथा है, जो भारतीय सेना के इतिहास में स्वर्णाक्षरों से अंकित की जाएगी। यह विक्रम जैसे उन युवा, जाँबाज ऑफिसरों के लिए श्रद्धांजलि संदेश है, जिन्होंने अपने सैनिक कर्तव्य के निर्वहन में साहस और समर्पण का प्रदर्शन करते हुए अपना जीवन बलिदान कर दिया।

पुस्तक को पढ़ते हुए पारिवारिक निकटता की एक खास झलक देखने को मिलती है। बचपन से ही विक्रम की परवरिश उत्कृष्ट पारिवारिक मूल्यों व आदर्शों के बीच हुई, जो अपने माता-पिता और अपनी यूनिट द्वारा लड़ाई के मैदान में उनके द्वारा प्रदर्शित प्रेम और सम्मान की भावना में साफ झलकता है, जिससे वह स्वयं के लिए इतना बड़ा यश और अपनी यूनिट व अपने परिवार के लिए गौरव अर्जित कर सके।

प्वॉइंट 5140 और प्वॉइंट 4875 की लड़ाइयों में विक्रम ने जो बहादुरी दिखाई, वह एक किंवदंती बन गई है। अत्यंत विपरीत और मुश्किल भरी जमीनी और मौसमी स्थितियों में भी विक्रम और उनकी पराक्रमी कमान ने असंभव को भी संभव कर दिखाया था। 'परमवीर चक्र' के वे सच्चे हकदार थे। वे देश के लिए शहीद हो गए, लेकिन अपनी शहादत के पीछे वे ऐसी विरासत छोड़ गए हैं, जिससे हमारी आनेवाली पीढ़ी सतत प्रेरणा लेती रहेगी।

—ले. जनरल मोहिंदर पुरी (से.नि.)

संदेश

वर्ष 1999 में 'ऑपरेशन विजय' के दौरान द्रास में तैनात बिग्रेड की कमान मुझे सौंपी गई थी; उसी दौरान मेरी विक्रम से पहली बार मुलाकात हुई, उस समय वह 13 जम्मू-कश्मीर राइफल्स के एक कंपनी कमांडर थे।

पहली मुलाकात में ही मुझे विक्रम के साहस, निष्ठा और उत्साह की झलक मिल गई थी और मुझे पूर्ण विश्वास था कि विक्रम बत्रा जैसे युवा ऑफिसर के नेतृत्व में 13, जम्मू-कश्मीर राइफल्स आनेवाले कठिन समय में कुछ बड़ा हासिल कर दिखानेवाली है।

दुश्मन पर सामने की ओर से हमला करते हुए प्वॉइंट 5140 पर कब्जा करके विक्रम बत्रा ने इस विश्वास को सिद्ध कर दिखाया। यह 13, जम्मू-कश्मीर राइफल्स की पहली सफलता थी। दुश्मन पर जीत हासिल करने की विक्रम की उत्कटता और उनका नेतृत्व कौशल बेजोड़ था। उनकी युद्ध ललकार—'ये दिल माँगे मोर' इससे पूरी तरह मेल खाती थी। उनके असाधारण नेतृत्व कौशल और निर्भीकता से उनके साथी जवान जबरदस्त जोश और उत्साह से भर जाते थे। प्वॉइंट 4875 पर हमले के दौरान अपनी सुरक्षा की चिंता किए बिना उन्होंने दुश्मन के बंकर पर हमला बोल दिया। अदम्य साहस और फौलादी संकल्पवाले इस बहादुर जवान ने देश के लिए अपना जीवन कुर्बान कर दिया। आज वे हमारे बीच नहीं हैं, लेकिन देश के लिए उन्होंने जो कुछ किया, उसे भारत और भारतीय सेना कभी भुला नहीं पाएँगे और आनेवाली पीढ़ी उससे प्रेरणा ग्रहण करती रहेगी।

—ले. जनरल अमर औल (से.नि.)

मेरी बात

विविध सभ्यताओं और संस्कृतियोंवाले भारत देश का इतिहास सदियों-युगों पुराना है, जिसने अनगिनत लड़ाइयाँ, त्रासदियाँ और अनगिनत विजय देखी हैं।

सीमाओं, शत्रुओं और खतरों के बावजूद देश स्वयं को अखंड, अक्षुण्ण बनाए रहा है। इसकी रक्षा और सुरक्षा के लिए जो सैनिक सीमा पर हँसते-हँसते अपनी जान न्योछावर कर जाते हैं, वे ही हमारे सच्चे नायक होते हैं।

हमें यह बात सदैव याद रखनी चाहिए कि हमारे वर्तमान के लिए उन्होंने अपना भविष्य बलिदान किया है। उनकी वीरता, बलिदान और समर्पण व्यर्थ नहीं जाना चाहिए। हमें उनकी देशभक्ति पर गर्व होना चाहिए और अपनी रक्षा सेवाओं तथा समर्पित सैनिकों को सर्वोपरि रखना चाहिए। इनसे हमें कर्तव्य को सर्वोपरि रखने की सीख मिलती है। बिना किसी भेदभाव या पूर्वग्रह के, पूरी निष्ठा से अपने कर्तव्य का पालन करना ही देश की सच्ची सेवा है।

अपनी सेना और सैनिकों के बिना हम अपने देश की कल्पना भी नहीं कर सकते, क्योंकि उस स्थिति में हमारा देश दुनिया के नक्शे पर एक अरक्षित भूखंड भर बनकर रह जाएगा।

अपने युवाओं को कर्तव्य-परायणता के पथ पर चलने की प्रेरणा देने के उद्देश्य से ही मैंने इस पुस्तक का सृजन किया है। हमारे नागरिकों को भी अपनी राष्ट्रीय भावना और देशभक्ति को बनाए रखना चाहिए। हम सब भारतीयों को अपनी मातृभूमि पर गर्व होना चाहिए।

आभार

मैं श्याम कुमारी जी के प्रति अपनी कृतज्ञता प्रकट करता हूँ, जिन्होंने मेरे शहीद पुत्र विक्रम बत्रा के प्रति श्रद्धांजलि अर्पित करते हुए मुझे यह पुस्तक लिखने के लिए प्रेरित किया, साथ ही, 'डेटलाइन कारगिल' (Dateline Kargil) के लेखक गौरव सावंत और 'डिस्पैचेज फ्रॉम कारगिल' (Despatches from Kargil) के लेखक सृंजॉय चौधरी को विशेष रूप से धन्यवाद देना चाहता हूँ—दोनों रक्षा संवाददाताओं ने वर्ष 1999 में कारगिल युद्ध के दौरान युद्ध क्षेत्र का दौरा किया था। इस पुस्तक में दिए गए विवरणों की प्रामाणिकता सुनिश्चित करने के लिए मैंने दोनों पुस्तकों को सदंर्भ के रूप में प्रयोग में लिया है।

सैन्य प्रमुख (से.नि.) जनरल वी.पी. मलिक ने कैप्टन विक्रम बत्रा के बारे में कहे गए अपने शब्दों से हमें प्रोत्साहित किया, जिसके लिए मैं उनका विशेष रूप से आभारी हूँ।

कारगिल युद्ध के दौरान विक्रम की बटालियन के कमांडर रहे मेजर जनरल वाई.के. जोशी ने कैप्टन विक्रम बत्रा के साहसपूर्ण कार्यों के बारे में जो जानकारियाँ हमारे साथ साझा कीं, उसके लिए मैं उनके प्रति हृदय से आभार प्रकट करता हूँ।

सुश्री बरखा दत्त ने अपनी पुस्तक 'दिस अनक्वाइट लैंड : स्टोरीज फ्रॉम इंडियाज फॉल्ट लाइंस' (This Unquiet Land: Stories from India's Fault Lines) से मुझे बनाने की इजाजत दी और साथ ही विक्रम बत्रा से

जुड़ी स्मृतियों को लिपिबद्ध किया, जिसके लिए मैं उनके प्रति आभार प्रकट करता हूँ।

इस पुस्तक के लिए मैंने मेजर जनरल इयान कार्डोजो की पुस्तक 'परमवीर : ऑवर हीरोज इन बैटल' (Param Vir: Our Heroes in Battle) से एक नोट को प्रयोग में लिया; इसके लिए मैं मेजर जनरल इयान कार्डोजो का आभारी हूँ।

ले. जनरल मोहिंदर पुरी (से.नि.) और ले. जनरल अमर औल (से.नि.) ने अपनी ओर से पुस्तक के लिए अलग-अलग संदेश लिखे; इसके लिए मैं दोनों का हृदय से आभारी हूँ।

पुस्तक का प्राक्कथन लिखने के लिए मैं मेजर जनरल (डॉ.) जी.डी. बख्शी (से.नि.) के प्रति अपनी कृतज्ञता प्रकट करता हूँ।

प्रणव पुंज और रश्मि कमल ने पुस्तक के लिए दो कविताएँ लिखीं, जिसके लिए मैं दोनों का हृदय से आभारी हूँ।

इस पुस्तक के लिए उपयोगी सामग्री जुटाने में मेरा सहयोग करने और पांडुलिपि पर कार्य करने के दौरान मेरे लिए चाय पर चाय लेकर खड़ी रहनेवाली अपनी धर्मपत्नी कमल कांता बत्रा के प्रति मैं अपनी कृतज्ञता प्रकट करना चाहता हूँ। पांडुलिपि में सुधार-संशोधन के कार्य में भी उन्होंने मेरी मदद की।

मेरे पुत्र विशाल बत्रा ने पुस्तक की पांडुलिपि की सॉफ्ट कॉपी तैयार की और विक्रम से जुड़ी अपनी स्मृतियों को पुस्तक में संयोजित करने की छूट दी; इसके लिए मैं विशाल बत्रा का आभारी हूँ।

मेरी पुत्रियाँ सीमा और नूतन (नीतू) अपने प्रिय भाई की जीवनगाथा लिखने के लिए मुझे लगातार प्रेरित करती रहीं, जिसके लिए मैं दोनों को धन्यवाद करना चाहता हूँ।

सेलेक्ट सिटीवॉक के चेयरमैन श्री इंदर शर्मा ने कारगिल विजय दिवस (26 जुलाई) के अवसर पर पुस्तक को प्रदर्शित किया; इसके लिए मैं उनका हृदय से आभारी हूँ।

विक्रम के प्रिय मित्र ले. कर्नल हरदीप संधू (जिन्हें प्यार से 'निप्पी' कहते हैं) को उनके योगदान के लिए मैं धन्यवाद ज्ञापित करता हूँ।

अंत में मैं अपने उन सब मित्रों और शुभचिंतकों के प्रति हृदय से आभार प्रकट करता हूँ, जिन्होंने देश के महान सपूत पर पुस्तक लिखने के लिए किसी न किसी रूप में मुझे प्रेरित, प्रोत्साहित किया।

—जी.एल. बत्रा

अनुक्रम

एक योद्धा का जन्म

(अपने रक्त को सिद्ध करने से पहले अगर मौत भी सामने आएगी, तो मैं उसे मार डालूँगा।)

विक्रम का जन्म 9 सितंबर, 1974 पालमपुर, हिमाचल प्रदेश के एक छोटे-से कस्बे में हुआ था। मेरे दो जुड़वाँ बेटों में वह बड़ा था, छोटा बेटा विशाल है।

सीमा और नूतन; दो बेटियों के बाद वह हमारी तीसरी संतान था। भगवान् राम में गहरी आस्था रखनेवाली मेरी पत्नी कमल कांता ने दोनों बेटों का नाम

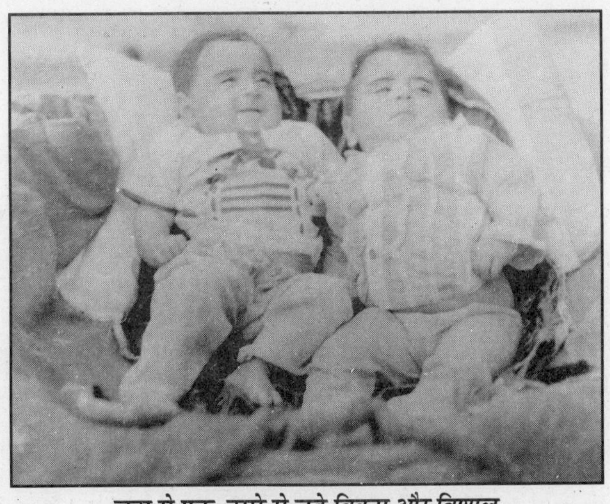

जन्म से एक-दूसरे से जुड़े विक्रम और विशाल

जुड़वाँ शक्ति : दोनों भाइयों, विशाल और विक्रम, के बीच जन्म से ही एक विशेष जुड़ाव था

भगवान् राम और सीता के दो वीर पुत्रों के नाम पर लव और कुश रखा था।

दोनों भाइयों—विक्रम (लव) और विशाल (कुश) का व्यक्तित्व, सोच और तौर-तरीके, सबकुछ एक जैसा था। मैं और मेरी पत्नी दोनों शिक्षाविद् होने के नाते विक्रम को प्राथमिक शिक्षा देने का काम उसकी माँ ने किया। बाद में पालमपुर के डी.ए.वी. स्कूल में उसका एडमिशन कराया गया, जहाँ से उसने आठवीं तक की पढ़ाई पूरी की। उसके बाद पालमपुर के सेंट्रल स्कूल से उसने +2 किया।

स्वयं एक देशभक्त होने के नाते मैं अपने दोनों बेटों, विक्रम और विशाल, को रोज रात में अपने देश की गौरवगाथा सुनाया करता था। इस प्रकार, भारतीय स्वतंत्रता संग्राम और उससे जुड़े महान नेताओं की कहानियाँ सुनकर विक्रम बड़ा हुआ था। भगत सिंह, चंद्रशेखर आजाद, महाराणा प्रताप, गुरु गोविंद सिंह और छत्रपति शिवाजी की कहानियाँ वह बार-बार सुनना चाहता था।

इन गौरवगाथाओं ने विक्रम के बाल-मन पर एक अमिट छाप छोड़ी थी, जिसने उसे मजबूत और साहसी व्यक्ति बनाने का काम किया। बहुत कम उम्र में ही उसने तय कर लिया था कि उसे अपने बचपन के इन्हीं वीर

नायकों के नक्शे-कदम पर चलना है।

बचपन से ही विक्रम जरूरतमंदों की सहायता करना अपना कर्तव्य समझता था। उसकी माँ बताती है कि किस प्रकार एक दिन उसने एक जहरीले साँप को मार डाला था, जिसे देखकर उनके होश उड़ गए थे। बहादुरी और निर्भीकता से लबालब भरे विक्रम ने अपने स्कूल के दिनों में एक बार एक लड़की को स्कूल बस से नीचे गिरने से बचाया था। वह लड़की बस के दरवाजे की बगल में खड़ी थी और दरवाजा ठीक से बंद नहीं था। कोई और चिंता किए बिना विक्रम झट से उसके साथ बस से कूद पड़ा और उसे गंभीर चोट लगने से बचा लिया और मरहम-पट्टी के लिए अस्पताल ले गया। हमेशा प्रसन्नचित्त रहनेवाले बालक विक्रम ने घर आकर पूरी घटना के बारे में सभी को बताया था।

भावी जीवन की तैयारी : विक्रम और विशाल स्कूल में अपने प्रथम दिन के लिए तैयार

जन्मजात अदम्य साहस से भरपूर विक्रम अपने स्कूल के दिनों में पालमपुर स्केटिंग क्लब का सबसे अच्छा स्केटर हुआ करता था। मनाली में कराटे के लिए आयोजित एक राष्ट्रीय स्तर के कैंप में भी उन्होंने हिस्सा लिया था। स्थानीय आर्मी कैंप में अपने

विभिन्न स्कूली प्रतियोगिताओं में जीती अपनी ट्रॉफियों के साथ विक्रम और विशाल

किशोर विक्रम : एक प्रतिभावान् व प्रभावशाली व्यक्तित्ववाला लड़का

एक मित्र से उन्होंने स्क्वॉश भी सीखा था। अकसर कड़ाके की सर्दी में विक्रम अपने मित्रों के साथ हिमाचल प्रदेश की धौलाधर पहाड़ी पर सैर के लिए जाया करते थे।

विक्रम बहुमुखी प्रतिभा के बालक थे। उनका भाषण-कौशल असाधारण था। दिल्ली में यूथ पार्लियामेंटरी कंपीटीशन के दौरान उन्होंने राष्ट्रीय स्तर पर

स्कूल में एक टूर्नामेंट जीतने पर ट्रॉफी लेते विक्रम

अपने स्कूल का नेतृत्व भी किया था।

स्कूल और कॉलेज, दोनों जगह वह पढ़ाई में अव्वल रहे। टेबल टेनिस, कराटे और अन्य खेलों में वे अपने स्कूल और कॉलेज का प्रतिनिधित्व किया करते थे। विक्रम और विशाल, दोनों भाई खेल के शौकीन थे और क्रिकेट से लेकर टेबल टेनिस, लॉन टेनिस, स्क्वॉश और रोलर स्केटिंग तक सारे खेल खेलते थे। रोज कम-से-कम दो घंटे पिंग-पांग, लॉन टेनिस या स्क्वॉश, कोई न कोई खेल जरूर खेला करते थे। टेबल टेनिस में तो वे पालमपुर की पहचान बन गए थे। पालमपुर के रोटरी क्लब की ओर से उन्हें सम्मानित भी किया जा चुका था। खेल में वे क्लब के अपने से उम्र में बड़े सदस्यों को भी हरा दिया करते थे। वर्ष 1990 में दोनों भाइयों ने ऑल इंडिया के वी.एस. नेशनल्स में अपने स्कूल का प्रतिनिधित्व किया था।

बहुत कम उम्र में ही विक्रम में कुशल नेतृत्व के गुण दिखाई देने लगे थे। उनके मित्र और अध्यापक/अध्यापिकाएँ सब उन्हें बहुत पसंद करते थे। उनका व्यक्तित्व और स्वभाव ही ऐसा था, जो लोगों को अपनी ओर आकर्षित कर लेता था। एक बार स्कूल में विद्यार्थियों ने हड़ताल कर दी थी,

जिसे खत्म कराने के लिए स्कूल के प्रिंसिपल ने विक्रम से बात की। विक्रम ने अपने नेतृत्व कौशल का परिचय देते हुए विद्यार्थियों को एक समझौते के लिए तैयार कर लिया।

पढ़ाई और समग्र विकास के प्रति विक्रम की लगन और इतने कम समय के जीवन में देश के लिए उनके द्वारा किए गए सर्वोच्च बलिदान से मुझे उनकी डायरी की ये पंक्तियाँ याद आती हैं :

'रुकना' शब्द मेरे शब्दकोश में नहीं,
मुझे अँधेरी, चुभती गलियों में बस चलते जाना है, काम करते जाना है,
रोशनी और खुशियाँ खुद मुझे ढूँढ़ेंगी।

❑

कॉलेज के दिन

(अगर आप सबसे ऊपर पहुँचना चाहते हैं तो शुरुआत सबसे नीचे से करनी होगी।)

बोर्ड परीक्षा में विक्रम और विशाल, दोनों भाइयों ने 82 प्रतिशत अंक अर्जित किए। अब उन्हें किसी अच्छे कॉलेज में एडमिशन लेना था। चंडीगढ़ का डी.ए.वी. कॉलेज उनकी पहली पसंद था। यह पहला मौका था, जब दोनों भाई घर से दूर किसी होस्टल में रहने के लिए जा रहे थे। दोनों ने बी.एस.-सी. (मेडिकल साइंस) चुना और कॉलेज कैंपस में एक होस्टल में रहने लगे। जुड़वाँ होने के कारण कॉलेज और होस्टल में बहुत जल्दी वे लोगों के बीच लोकप्रिय हो गए। विक्रम को हमेशा खुलकर जीना पसंद था। पढ़ाई और अन्य पाठ्येतर गतिविधियों में वे एक संतुलन बनाकर चलते थे। विक्रम का नाम हमेशा कक्षा के शीर्ष दस विद्यार्थियों में हुआ करता था।

स्वभाव से मिलनसार होने के कारण कॉलेज और होस्टल में विक्रम के कई मित्र बन गए थे। उनका हँसमुख स्वभाव बरबस ही लड़कों को अपनी ओर आकर्षित कर लेता था। होस्टल के मेस में काम करनेवाले लड़कों के साथ भी वह मित्रवत् व्यवहार रखते थे और अकसर उन्हें अपनी मोटरबाइक चलाने के लिए दे दिया करते थे; मेस के लड़के भी बदले में उनकी जरूरत के अनुसार उनके लिए लंच और टिफिन का इंतजाम कर दिया करते थे।

एक बार मैं शाम को 4 बजे विक्रम से मिलने होस्टल में गया तो उसने

तुरंत मेरे लिए आमलेटवाले नूडल्स की एक प्लेट और एक कप चाय मँगवा ली। मैं आश्चर्य में था कि मेस बंद होने के समय उसने लंच का इंतजाम कहाँ से कर लिया। मेरे पूछने पर उसने मेस के लड़कों के साथ अपनी दोस्ती के बारे में बताया। उसके व्यवहार से में बहुत खुश हुआ था।

विक्रम का कमरा : प्रसिद्ध कलाकार मेरीलिन मुनरो के पोस्टर के साथ

इसी तरह, एक बार विक्रम ने अपने कॉलेज के एक लेक्चरर के लिए एल.पी.जी. गैस सिलेंडर का इंतजाम कर दिया था, जो कुछ दिन पहले ही कॉलेज में नए-नए आए थे। ऐसे थे विक्रम; जरूरतमंदों की मदद के लिए हरदम तैयार।

कॉलेज में विक्रम को चालीस दिन के पैराट्रूपिंग प्रशिक्षण के लिए चुना गया था, जिसके लिए उन्हें अपनी एन.सी.टी. (एयरविंग) यूनिट के साथ चंडीगढ़ से लगभग 35 किमी. दूर स्थित पिंजौर एयरफील्ड एंड फ्लाइंग क्लब

स्नातक की डिग्री प्राप्त करते विक्रम

जाना था। आने-जाने के लिए उन्होंने मुझसे एक मोटरबाइक की माँग की, तो मैंने पैसों का इंतजाम करके उनके लिए एक मोटरबाइक खरीद दी थी, हालाँकि उसका इस्तेमाल उन्होंने बहुत कम ही किया।

वर्ष 1994 में विक्रम ने नई दिल्ली में एक एन.सी.सी. कैडेट के रूप में गणतंत्र दिवस परेड में भाग लिया था, उसके बाद ही उसने हमें भारतीय सेना में जाने की अपनी इच्छा के बारे में बताया था। सशस्त्र बलों के अनुशासन और कर्तव्यनिष्ठा से वे बहुत प्रभावित थे। सैनिक अधिकारियों की जीवन-शैली देखकर ही उन्होंने सेना में जाने का मन बना लिया था। भारतीय सेना में भर्ती होने से पहले विक्रम ने हांगकांग की एक शिपिंग कंपनी में मर्चेंट नेवी की नौकरी के लिए मुंबई में लिखित परीक्षा और साक्षात्कार दिए थे, जिसमें उन्हें चुन लिया गया था। प्रशिक्षण के लिए वे चेन्नई जानेवाले थे, टिकट भी बुक हो गई थी; लेकिन तीन दिन पहले उन्होंने अपना मन बदल दिया। मर्चेंट नेवी में जाने का विचार उन्होंने छोड़ ही दिया और अपनी माँ से कहा, 'जिंदगी में पैसा ही सबकुछ नहीं है; मुझे जिंदगी में कुछ बड़ा करना है, कुछ अलग करके दिखाना है, जिससे मेरे देश का गौरव बढ़े।'

* * *

वर्षों बाद, इंडियन ऑयल कॉरपोरेशन जैसी बड़ी तेल कंपनी ने अपने एक विज्ञापन में विक्रम को श्रद्धांजलि अर्पित की थी : 'कभी-कभी एक साधारण भारतीय भी एक लाख बीस हजार करोड़ रुपए की कंपनी को झुका सकता है...मार्गदर्शक के रूप में एक प्रेरित भारतीय है।'

विक्रम अपनी मातृभूमि और मातृभूमि के लोगों के लिए एक उपहार थे। उन्होंने शपथ ली थी या तो वे अपने देश की ओर से लड़ाई जीतेंगे, अन्यथा देश के लिए अपनी जान कुरबान कर देंगे। चाहे इसे दुर्भाग्य कहा जाए या विडंबना, लेकिन उन्होंने अपने दोनों वादे पूरे किए।

* * *

कॉलेज के दिनों में उनके एक मित्र अविनाश कामथ ने 'द टाइम्स ऑफ

अपने कॉलेज के दोस्तों के साथ मि. पॉपुलर विक्रम

इंडिया' में 'ए जेंटलमैन फॉरएवर' (A Gentleman Forever) शीर्षक से विक्रम की शहादत पर एक शोक संदेश लिखा था; जिसमें उन्होंने लिखा था, "पालमपुर के इस लाड़ले (लव) के स्वभाव की गर्मजोशी और जरूरत के समय दोस्तों की मदद करने का जज्बा ऐसा था, जो उन्हें दूसरों से भिन्न बनाता था।"

लव के लिए उनका हर दोस्त वीरू (भाई) था। आगे लिखा था, "उस समय हम लोगों में फौज में जाने का एक जुनून था। कारण, साहसिकता और अनुशासन से परिपूर्ण जीवन-शैली तथा शोहरत, जो हमेशा-हमेशा के लिए व्यक्ति के नाम के साथ जुड़ जाती है। लव (विक्रम) के लिए यह सबकुछ एक जुनून की तरह था। वे अकसर यह पंक्ति दोहराया करते थे, "जीना हमारे लिए एक संयोग है, प्रेम करना हमारी चाह और मारना-मरना हमारा पेशा है।" इंडियन मिलिटरी एकेडमी, देहरादून के एक कैडेट के जीवन पर बनी हिंदी फिल्म को देखने के बाद उन्होंने तय कर लिया था कि "सेना में जाना है तो परमानेंट कमीशन पर ही जाना है।"

शहादत के बाद विक्रम की लोकप्रियता का अंदाजा इस बात से ही

लगाया जा सकता है कि 'इंडिया टुडे' पत्रिका ने अपने एक संस्करण में ऑल इंडिया स्तर के एक कंटेस्ट में चार अन्य महान व्यक्तियों—इंदिरा गांधी, राजीव गांधी, अटल बिहारी वाजपेयी (ऑपरेशन शक्ति के लिए) और राकेश शर्मा (अंतरिक्ष यात्री) के नाम के साथ विक्रम का नाम भी शामिल किया था, जिसमें पाठकों को 1975 के बाद से लेकर अब तक देश को गौरवान्वित करनेवाली इन हस्तियों को वरीयता क्रम में रखने के लिए कहा गया था।

❑

मन की पुकार...

(जीना हमारे लिए एक संयोग है, प्रेम करना हमारी चाह और मारना-मरना हमारा पेशा है।)

सेना में जाने के अपने सपने को लेकर विक्रम ने अपने कॉलेज के दिनों में ही स्पष्ट राय बना ली थी। पढ़ाई में उनकी अनियमितता पर टिप्पणी करते हुए उनके वनस्पति विज्ञान के प्रोफेसर ने एक बार कहा, ''तुम्हारी प्रैक्टिकल की फाइलें अधूरी हैं। तुम लेक्चर भी अटेंड नहीं करते हो और प्रयोगशाला में तुम मुझे दिखाई नहीं देते हो। जिंदगी में क्या कर पाओगे

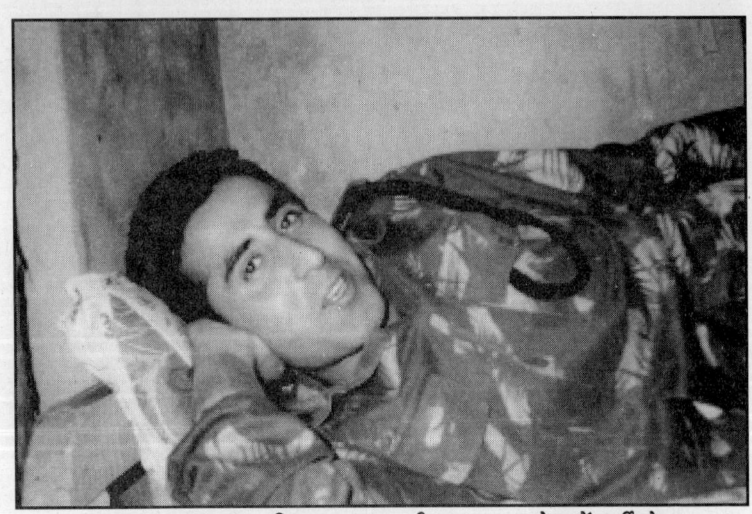

सपना साकार हुआ : विक्रम का एक ही सपना था : सेना में भर्ती होना

सराहनीय कार्य के लिए पुरस्कार प्राप्त करते हुए विक्रम

तुम ?'' उस समय तक विक्रम ने अपने मन की पुकार को सुन लिया था। उन्होंने बहुत संयत होकर उत्तर दिया, ''सर, मैं सेना में जाऊँगा।''

उन्होंने कॉलेज की पढ़ाई पूरी की और इंटर-स्टेट एन.सी.सी. कैंप के दौरान उन्हें पंजाब डायरेक्टरेट, नॉर्थ जोन के सबसे अच्छे एन.सी.सी. कैडेट (एयर विंग) के रूप में चुन लिया गया। 'सी' सर्टीफिकेट प्राप्त करके वे अपनी एन.सी.सी. यूनिट में सीनियर अंडर ऑफिसर बन गए और उन्हें 1994 में नई दिल्ली में गणतंत्र दिवस परेड के लिए चुन लिया गया।

कॉलेज छोड़ने के बाद विक्रम ने चंडीगढ़ में रहकर सेना में कॅरियर बनाने के लिए तैयारी करने का निश्चय किया। अपने मित्र अविनाश कामथ के साथ उन्होंने पंजाब विश्वविद्यालय में एम.ए. (अंग्रेजी) में दाखिला ले लिया। वह सुबह एक प्राइवेट कंपनी में नौकरी करते थे और शाम को इवनिंग क्लास अटेंड करते थे। उन दिनों की याद करते हुए अविनाश (विक्रम के मित्र) बताते हैं कि वे (विक्रम) अपने खर्चों के लिए मुझ पर बोझ नहीं बनना चाहते थे : 'मैं नहीं चाहता कि पिताजी को मेरा खर्च अब और सँभालना पड़े।'

नियमित व्यायाम करना, जॉगिंग करना, समाचार-पत्रों के माध्यम से

विक्रम अपनी मित्र-मंडली के साथ

समसामयिक गतिविधियों की जानकारी रखना विक्रम की दिनचर्या का एक हिस्सा बन गया था। अपना सारा समय वे सी.डी.एस. (संयुक्त रक्षा सेवा) परीक्षा की तैयारी में लगा देते थे; इस कारण वे एम.ए. की परीक्षा की तैयारी नहीं कर पाए, लेकिन चूँकि फॉर्म भरा जा चुका था और फीस भी जमा हो गई थी, इसलिए मेरे कहने पर उन्होंने परीक्षा दी और ज्यादातर उत्तर-पुस्तिकाओं में 'जय भारत' लिखकर आ गए—जीवन में क्या बनना है, यह तो उन्होंने पहले ही तय कर लिया था।

जैसी सभी को अपेक्षा थी, विक्रम ने वर्ष 1996 में सी.डी.एस. की परीक्षा पास कर ली। वरीयता सूची में शीर्ष 35 प्रतिभागियों में उनका नाम आया था। सेवा चयन बोर्ड की ओर से उन्हें साक्षात्कार के लिए इलाहाबाद बुलाया गया, जिसमें उनका चयन हो गया। विक्रम की खुशी का ठिकाना नहीं था। उनका सपना साकार जो हो रहा था। उन्हें सेना की इंफेंटरी बटालियन में रखा गया था

जिसके पास कोई दर्शन नहीं, समझो उसका कोई अस्तित्व नहीं, जिसके पास आदर्श नहीं, समझो उसका कोई मूल्य नहीं, इसलिए, दिल में

एक विश्वास हो, एक उम्मीद, एक सपना हो, जिसे पकड़कर आगे बढ़ना हो, (मन के आकाश में) एक इंद्रधनुष हो (जिसके रंग में खुद को रँगना हो), गुनगुनाने को एक संगीत हो, (और) कुछ करने को एक सेवा हो, जो ऊँची हो।

—हैरियट डी' ऑट्रेमॉण्ट
(Harriet d' Autremont)

विक्रम को जीवन का उद्देश्य मिला गया था और वह रास्ता भी उन्होंने तलाश कर लिया था, जो उन्हें उनके लक्ष्य—असाधारण और सर्वोच्च सेवा के लक्ष्य—तक ले जानेवाला था।

❑

आगे का रास्ता

(आप जो कुछ हैं, वह ईश्वर का आपको उपहार होता है और आप जो कुछ बन पाते हैं, वह आपका ईश्वर को उपहार होता है।)

जून 1996 में विक्रम ने मानेकशॉ बटालियन के एक जेंटलमैन कैडेट के रूप में भारतीय सैन्य अकादमी (देहरादून) ज्वॉइन कर ली। अकादमी में उनकी गिनती सबसे अनुशासित और साहसी कैडेटों में होती थी।

विक्रम का स्कूल पालमपुर में सैनिक छावनी में स्थित था, इसलिए जैतूनी हरा रंग बराबर उनके मन-मस्तिष्क पर छाया रहता था। भारतीय सेना में आकर वे अपने सपने को साकार होते देख रहे थे। वे 19 माह के प्रशिक्षण के लिए पूरी तरह तैयार थे।

सुबह 4 बजे उठना विक्रम को अपनी ट्रेनिंग की सबसे मुश्किल बात लगती थी। सुबह 5 बजे की फिजिकल ट्रेनिंग के लिए सब कैडेटों को पहुँचना होता था। विक्रम कहा करते थे, 'शांतिकाल में जितना ज्यादा पसीना बहाओगे, लड़ाई के समय उतना ही कम खून बहाना पड़ेगा।' अब उनके पसंदीदा टेबल टेनिस खेल की जगह स्क्वॉश ने ले ली थी। अकादमी और वहाँ के परिवेश तथा प्रशिक्षण को लेकर उनका सोच बहुत सकारात्मक था।

* * *

विक्रम अपनी पारिवारिक जिम्मेदारियों के प्रति भी बहुत संवेदनशील थे। अकादमी में प्रशिक्षण के दौरान ही उन्होंने हमारी दूसरी बेटी नीतू के लिए वर

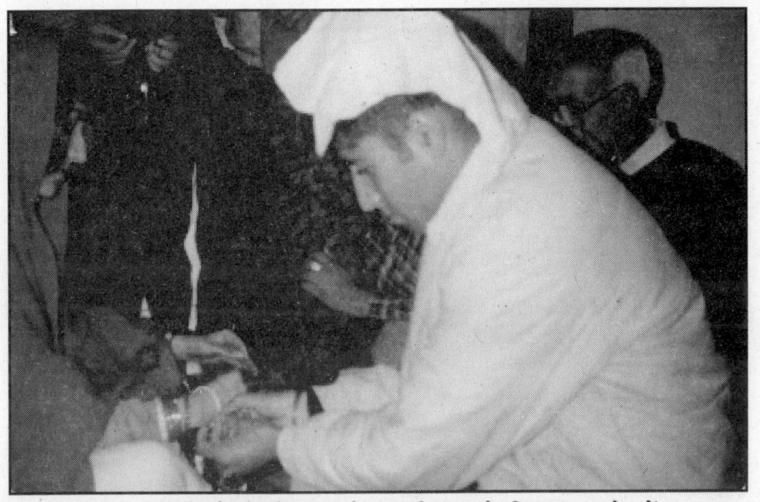

एक स्नेही और जिम्मेदार भाई : अपनी बहन के विवाह समारोह में एक रस्म अदा करते विक्रम

तलाश कर लिया था और विवाह कार्यक्रम को अंतिम रूप भी दिया। विवाह समारोह नई दिल्ली में आयोजित होना था; परंतु विक्रम उस समय निराश हो गए, जब उन्हें पता चला कि प्रशिक्षण के दौरान कैडेटों को एक दिन की भी छुट्टी नहीं दी जाएगी। अपनी स्थिति के बारे में उन्होंने अपने कमांडर को बताया। उसके शानदार ट्रैक रिकॉर्ड को देखते हुए उन्हें विवाह समारोह में शामिल होने के लिए विशेष अनुमति दी गई। विक्रम ने अपने कमांडर से अगले दिन सुबह सूर्योदय से पहले-पहले वापस आ जाने का वादा किया था।

12 फरवरी की सुबह विक्रम देहरादून से दिल्ली के लिए चले और अपनी बहन के जीवन के उसके सबसे महत्त्वपूर्ण अवसर पर उपस्थित हो गए। वहाँ कुछ घंटे रहकर ही वे वापस चल पड़े और 13 फरवरी की सुबह सूर्योदय से पहले-पहले वे अकादमी में वापस पहुँच गए। इस प्रकार उन्होंने अपना किया हुआ वादा पूरा किया।

एक बार विशाल भी उनसे मिलने अकादमी में गया था। विक्रम ने उसे अपने साथ लेकर घुमाया, अपनी दिनचर्या के बारे में बताया और उसे अपने दोस्तों व साथी कैडेटों से भी मिलवाया।

(ऊपर) : सोपोर में तैनात : ड्यूटी की लाइन में

(ऊपर) : बारामूला में बाढ़ के दौरान : बाढ़ जैसी प्राकृतिक आपदा के समय अपने कर्तव्य का निर्वहन करते हुए

सदा-सदा के लिए जेंटलमैन : मन से सदैव खुद को फौजी माननेवाले विक्रम परीक्षा पास करके भारतीय सेना में आने के बाद बहुत खुश और उत्साहित थे।

विक्रम एक कैडेट के रूप में जोश और उत्साह से लबालब भरे थे। उनका सोच हमेशा बिल्कुल स्पष्ट रहा था और अपने प्रशिक्षण के प्रति बहुत गंभीर थे। प्रशिक्षण सत्र की समाप्ति पर वे अपने दोस्तों से मिलते थे और उनके साथ खुलकर हँसते थे। वे जब हँसने लगते थे, तो हँसते ही रहते थे। हँसते समय वे सिर को पीछे की ओर करके बड़े सहज ढंग से हिलाते थे और उनकी आँखें चमकने लगती थीं। उनके ठहाके की गूँज कॉरीडोर तक सुनाई देती थी। उनका मानना था कि जिंदगी एक उपहार है, जिसे यूँ ही नहीं गँवाना चाहिए; इसलिए वे जिंदगी के एक-एक पल को खुलकर जीते थे।

अपने व्यवहार और स्वभाव से उन्होंने अपने शिक्षकों और सीनियरों पर अमिट छाप छोड़ी थी, जिसकी स्मृतियाँ आज भी उनके मन में ताजा हैं। आई.एम.ए. में प्रशिक्षण के दिनों में मैंने एक पत्र में उनके लिए लिखा था कि आई.एम.ए. में प्रशिक्षण के दौरान जो कुछ आदर्श और सिद्धांत सीखोगे, वह तुम्हें एक उत्कृष्ट सैन्य अधिकारी बनाने में महत्त्वपूर्ण भूमिका अदा करेगा। वह

गौरव के साथ : विक्रम विशाल को आई.एम.ए. परिसर देखते हुए

पत्र विक्रम हमेशा अपनी जेब में अपने नेत्रदान कार्ड के साथ रखते थे। जब वे 18 वर्ष के थे, तभी वे अपने नेत्रदान करने के लिए वचनबद्ध हो गए थे।

6 दिसंबर, 1997 को विक्रम आई.एम.ए. से पास होकर निकले। विदाई समारोह में पूरा परिवार उपस्थित था।

कैडेटों के लिए बहुत गौरवशाली क्षण था वह; अब वे युवा लेफ्टिनेंट और ऑफिसर बन चुके थे। उनकी आँखों में गर्वीली चमक थी और मन में जीवन के वृहत्तर लक्ष्य को प्राप्त करने का जज्बा। विक्रम ने बड़े गर्व के साथ अपने साथी कैडेटों, ऑफिसरों और सीनियरों से हमारा परिचय कराया।

एक आर्मी ऑफिसर के परिवार के रूप में समारोह में शामिल होना हमारे लिए बहुत बड़ी खुशी की बात थी। विक्रम ने आई.एम.ए. के आदर्श वाक्य को अपने मन-मस्तिष्क में पूरी तरह बैठा लिया था, जो उनके कामों में झलकता था। इस आदर्श पर चलते हुए उन्होंने ऐसे पदचिह्न छोड़े हैं, जिन पर चलना आनेवाली पीढ़ियों के लिए गर्व की बात होगी।

एच.डब्ल्यू. लॉन्गफेलो (H.W. Longfellow) की कविता 'साल्म ऑफ लाइफ' (Psalm of Life) की ये पंक्तियाँ यहाँ कितनी चरितार्थ होती हैं—

महापुरुषों का जीवन हमें याद दिलाता है—
कैसे उनके आदर्शों पर चलकर
हम जीवन को उदात्त, सार्थक बना सकते हैं
और अपने पीछे समय की रेत पर
अपने पदचिह्न छोड़ सकते हैं।

❑

पहली पोस्टिंग (तैनाती)

(अगर आपके विचार स्वच्छ नहीं हैं तो आपका चरित्र भी स्वच्छ नहीं हो सकता। अगर आप श्रेष्ठ बनना चाहते हैं तो उसके लिए आपके विचार भी श्रेष्ठ होने चाहिए। अगर आप सेवार्थी बनना चाहते हैं तो आपको दूसरों की सेवा करने के रास्ते तलाशने होंगे। अगर आप दूसरों के लिए प्रिय और यशस्वी बनना चाहते हैं तो आपको उदार, सहृदय बनना होगा। अगर आप खुशी और मन की शांति की अनुभूति करना चाहते हैं तो आपको अपने मन में खुशी और शांति का भाव बनाए रखना होगा।)

आई.एम.ए. देहरादून से निकलने के बाद विक्रम को दिसंबर 1997 में रेजीमेंटल ट्रेनिंग के लिए जबलपुर (मध्यप्रदेश) भेजा गया।

तदनंतर जम्मू-कश्मीर के बारामूला जिले के आतंक-प्रभावित कस्बे, सोपोर में उनकी पहली पोस्टिंग हुई। उन्हें 13, जम्मू एंड कश्मीर राइफल्स में लेफ्टिनेंट के रूप में कमीशन दिया गया था। सोपोर, जो उन दिनों आतंक का अड्डा बना हुआ था, में अपनी पोस्टिंग को लेकर विक्रम सचमुच बहुत उत्साहित थे। आतंकवादियों की घुसपैठ और सीमा पर भारतीय जवानों के शहीद होने की खबर रोज ही सुनने को मिलती थीं, इन सब बातों को लेकर हम सब चिंतित थे, लेकिन विक्रम बिल्कुल सहज थे। वे कहा करते थे कि सेना में अगर आपको कमीशन मिल गया, तो समझ लीजिए कि आपके नाम की गोली उसी दिन तैयार

हो गई : यह बात नियति पर निर्भर करती है कि वह गोली आप तक पहुँचती है या नहीं; और एक सैनिक की मौत मरना स्वयं में सम्मान की बात होती है। उसके बाद ही उन्होंने अपनी यूनिट ज्वॉइन कर ली।

वर्ष 1998 के मार्च महीने के मध्य में विक्रम को युवा अधिकारियों के एक प्रशिक्षण पाठ्यक्रम के लिए मध्यप्रदेश के म्हाऊ (Mhow) स्थित इनफेंटरी स्कूल भेजा गया। पाँच दिन के इस प्रशिक्षण के बाद सितंबर 1998 में वे वापस आ गए।

अक्टूबर 1998 में विक्रम सोपोर में अपनी यूनिट में आ गए। उस दौरान वे हमसे मिलने के लिए अकसर पालमपुर आया करते थे और हमें आतंकवादियों के साथ मुठभेड़ की कहानियाँ सुनाया करते थे। ऐसी ही एक मुठभेड़ में विक्रम अपने साथी जवानों के साथ घने जंगल में थे, तभी एक गोली उनकी दाहिनी कनपटी के ठीक नजदीक से होकर गुजरी और पीछेवाले सैनिक को जा लगी। इससे उन्होंने महसूस किया कि वह गोली उनके सहकर्मी के लिए नहीं, बल्कि उन्हीं के लिए थी। उन्होंने पल्टन को एक-एक आतंकवादी को ढूँढ़कर पकड़ने का आदेश दे दिया और सुबह तक सारे के सारे आतंकियों को मार गिराया गया। इस प्रकार की आतंकवादी मुठभेड़ों से उनकी छवि एक शूरवीर की बन गई थी, जो मौत से भी नहीं डरता। वे अपने साथी जवानों की फिक्र करते थे और हमेशा सामने की ओर से नेतृत्व सँभालने में विश्वास करते थे।

***

एक योग्य सैन्य अधिकारी होने के साथ-साथ विक्रम अपने दोस्तों के साथ भी समय बिताते थे। कारगिल हमले के ठीक पहले के दिनों की याद करते हुए उनके कॉलेज के दोस्त अविनाश बताते हैं कि सोपोर में पोस्टिंग के दौरान वे विक्रम से संपर्क करने की कोशिश कर रहे थे। सुरक्षा कारणों से उनकी कॉल नहीं लग सकी; लेकिन बाद में एक इतवार को विक्रम ने स्वयं कॉलबैक किया। 'सॉरी' वीरू, तुमसे बात नहीं हो सकी। यहाँ स्थितियाँ थोड़ी

बूट, बेल्ट, बेरेट : अपनी कंपनी को सर्वोच्च घोषित किए जाने के मौके पर ट्रॉफी पकड़े विक्रम

गंभीर हो रही हैं, लेकिन मुझे विश्वास है कि जल्दी ही सबकुछ सामान्य हो जाएगा। मुझे एक फैमिली स्टेशन पर तैनाती का आश्वासन मिला है। तभी मैं शादी करने की योजना बना रहा हूँ। एक और एक बड़ी खबर है, मैंने डैड को एक बार भेंट की है, दुबारा कॉल करने का वादा करते हुए उन्होंने कहा था।

* * *

जनवरी 1999 में विक्रम को दो महीने के एक कमांडो कोर्स के लिए बेलगाँव कर्नाटक भेजा गया। विशाल बताता है कि किस प्रकार विक्रम और

अनुशासित और दृढ संकल्पित विक्रम अकादमी के पाठ्यक्रम में अव्वल रहे

उसके दोस्त संधू 26 जनवरी, 1999 को उसके लाजपत नगरवाले फ्लैट पर आए थे और एक दिन के लिए उसके साथ ठहरे थे। उस समय विशाल नई दिल्ली स्थित टाटा फाइनेंस में एक्जीक्यूटिव के रूप में काम कर रहे थे। विक्रम को बटर चिकन बहुत पसंद था; इसलिए उन्होंने विशाल से किसी अच्छे रेस्तराँ में चलने को कहा, जहाँ उन्हें बटर चिकन खाने को मिल सकता। लाजपत नगर फ्लाई ओवर के नीचे एक छोटे से चिकन कॉर्नर पर तीनों ने पूरी शाम खाने और सैनिक जीवन के बारे में बातचीत करने में बिताई; संधू ने उन्हें कमांडो के बारे में कुछ जानकारियाँ भी दीं। इस तरह बातचीत करते-करते रात बीत गई।

विक्रम को छोड़ने के लिए विशाल और संधू नई दिल्ली रेलवे स्टेशन तक गए।

प्रशिक्षण में विक्रम अव्वल रहे। उनके असाधारण कौशल को देखते हुए उन्हें सर्वोच्च ग्रेड—'इंस्ट्रक्टर्स ग्रेड'—दिया गया।

बेलगाँव से वापस लौटते समय भी विक्रम अपने भाई से मिलने के लिए 9 मार्च, 1999 को दिल्ली में रुके थे। दोनों भाइयों में इतना लगाव था कि वे एक-दूसरे से मिलने के ज्यादा से ज्यादा मौके की तलाश में रहते थे। जब विक्रम अपनी कमांडो ट्रेनिंग पर थे, इस दौरान विशाल ने ड्राइविंग सीख ली थी; विक्रम को लेने के लिए वह अपने चचेरे भाई की कार खुद चलाकर आया था; उसे ड्राइविंग सीट पर बैठा देखकर विक्रम आश्चर्य-चकित रह गए थे।

वह मुलाकात विक्रम और विशाल, दोनों के लिए बहुत भावुकता भरी रही। दोनों ने ढेर सारी बातें कीं, विक्रम ने अपने दो महीने के कमांडो कोर्स के बारे में बताया और यह भी बताया कि उन्हें यह सबकुछ कितना अच्छा लगा। (विशाल भी फौज में जाना चाहता था, लेकिन दुर्भाग्य से वह एस.एस.बी. (सेवा चयन बोर्ड) का साक्षात्कार क्लीयर नहीं कर पाया था।) दोनों भाइयों ने रातभर बातें कीं और बातों-बातों में ही विक्रम के जाने का समय हो गया, उन्हें पता ही नहीं चला।

विक्रम को तत्काल पालमपुर के लिए निकलना था और वहाँ से उन्हें सोपोर जाना था। रास्ते में अपनी गर्लफ्रेंड से मिलने के लिए चंडीगढ़ में रुकना था।

अपने चचेरे भाई की कार में विशाल उन्हें छोड़ने नई दिल्ली बस अड्डे तक गया। चालीस मिनट का रास्ता था। विशाल को क्या पता था कि वह अपने भाई को आखिरी बार कार में बैठाकर ले जा रहा है। वह गर्मजोशी से गले मिलना विशाल को अब तक याद है, जिसे जीवन भर वह भुला नहीं सकेगा। चेहरे पर मुस्कराहट लिये अलविदा कहते हुए विक्रम का चेहरा भुलाए नहीं भूलता।

बेलगाँव की कमांडो ट्रेनिंग काफी मुश्किल भरी रही। प्रशिक्षण के बाद

आदर्श दृढ़ता : भाग्यशाली हैं वे जो अपना सपना जी पाते हैं।

जब विक्रम पालमपुर आए तो मैंने उसके शरीर पर लाल-लाल धब्बे देखे, मेरे पूछने पर विक्रम ने बताया कि ट्रेनिंग के दौरान उन्हें शरीर को रस्सी से बाँधकर उड़ते जहाज से कूदना होता था; रस्सी की रगड़ से ही शरीर पर लाल-लाल धब्बे पड़े थे। मेरी चिंता पर बहुत सहज सी प्रतिक्रिया दिखाते हुए विक्रम ने कहा था कि यह सब प्रशिक्षण का एक हिस्सा है, जिससे होकर हर फौजी को गुजरना पड़ता है। विक्रम को मैं हमेशा यही कहता था कि काम कोई भी करो, उसमें खुद को सर्वोत्कृष्ट साबित करके दिखाओ। विक्रम अपने सपनों के साथ जी रहे थे।

वर्ष 1999 में होली पर विक्रम आखिरी बार घर आए थे। उनकी माँ ने उनकी पसंद की खाने की चीजें बनाई थीं—राजमा-चावल, गोभी का पकौड़ा, आलू के चिप्स और आम का अचार; कुछ अचार उनके और साथियों के लिए पैक करके भी दिया था। इससे पहले उन्होंने ये सब चीजें इस तरह कभी नहीं भेजी थीं।

बस स्टैंड पर विक्रम को विदा करते समय हमने और उसके दोस्त ने कब सोचा था कि हम अपने प्रिय विक्रम को कभी वापस लौटकर न आने के लिए विदा कर रहे हैं।

❑

उपद्रव का समय

(जागो, उठो और लक्ष्य प्राप्त करने तक मत रुको।)

मुझे अच्छी तरह याद है, उन दिनों पाकिस्तान भारत-पाक सीमा पर तनाव को हवा देने में लगा था। दोनों देशों के बीच समझौता होता था कि वे सर्दियों में अपने-अपने बंकर से हट जाएँगे और सर्दियाँ खत्म होने पर ही दुबारा अपने-अपने बंकरों पर जाएँगे; और दोनों पक्ष इस पर सहमत भी होते थे, लेकिन पाकिस्तान बार-बार समझौते का उल्लघंन करके भारत के साथ विश्वासघात कर जाता था।

वर्ष 1999 में भारत के तत्कालीन प्रधानमंत्री अटलबिहारी वाजपेयी पाकिस्तान के दौरे पर गए थे, इस समय तत्कालीन पाकिस्तानी प्रधानमंत्री नवाज शरीफ ने उनके समक्ष दोनों देशों के बीच शांति बहाल करने की इच्छा प्रकट की थी। लाहौर घोषणा-पत्र की शर्तों का पालन करते हुए भारतीय सेना ने अपने सैनिकों को बंकरों से हटा लिया था, लेकिन दूसरी ओर, पाकिस्तानी सेना ने 1999 की सर्दियों के दौरान अपने सैनिकों को चोरी-छिपे बंकरों में कायम रखा था। उसका इरादा कश्मीर पर हमला करने का था। पाकिस्तानी सेना तीसरी बार भारतीय सीमा पार करते हुए कारगिल सेक्टर तक पहुँच गई थी।

मई 1999 के प्रथम सप्ताह में भारतीय सेना के गश्ती दलों को पता चला कि पाकिस्तानी सेना ने द्रास और उसके आसपास की हमारी चौकियों पर

निर्भीक और अदम्य साहसी : विक्रम और उनके सहकर्मी रात में सीमा पर गश्त लगाते हुए

कब्जा कर लिया है। दुश्मन की मंशा श्रीनगर-कारगिल-लेह राष्ट्रीय राजमार्ग, जो भारत के लिए अत्यंत महत्त्वपूर्ण है, को रोकने की थी। वह कारगिल को अलग-थलग करने के लिए कश्मीर से लद्दाख की ओर जानेवाले रास्ते को बंद कर देना चाहता था। ताकि वह कश्मीर पर कब्जा कर सके।

यह तीसरा मौका था, जब पाकिस्तान ने कारगिल पर हमले की साजिश रची थी, पहली बार 1987 में उसने ऐसी साजिश रची थी, लेकिन उस समय अपनी सैनिक और राजनीतिक कमजोरियों के कारण वह कामयाब नहीं हो सका था। दूसरी बार 1997 में साजिश रची गई, जब नवाज शरीफ पाकिस्तान के प्रधानमंत्री थे और परवेज मुशर्रफ पाकिस्तानी सेना के प्रमुख थे।

15 मई, 1999 को कैप्टन सौरभ कालिया के नेतृत्व में भारतीय सेना के एक गश्मी दल ने बटालिक सेक्टर में घुसपैठ का खुलासा किया। पाकिस्तानी सेना ने एमनेस्टी इंटरनेशनल और अंतरराष्ट्रीय मानवाधिकार आयोग के निर्देशों को नजरअंदाज करते हुए भारतीय सेना के उस गश्ती दल के सैनिकों की कायरतापूर्ण तरीके से हत्या कर दी।

उल्लेखनीय है कि कैप्टन सौरभ कालिया भी पालमपुर के ही थे। पाकिस्तानी सेना ने कैप्टन सौरभ कालिया और उनके पाँच साथी जवानों के क्षत-विक्षत शव भारत को सौंपे, जिस पर पूरा देश आक्रोश में था।

कारवाई की मुद्रा में : एक पिनाका मल्टी बैरल रॉकेट लांचर के सामने खड़े विक्रम

भारतीय सेना ने इसका बदला लेने का निर्णय लिया। स्थिति की गंभीरता तब समझ में आई, जब भारतीय सेना को पता चला कि पाकिस्तानी फौजों ने इलाके की लगभग 140 चौकियों को अपने कब्जे में ले लिया है और वे लड़ाई के लिए पूरी तरह तैयार हैं। ऐसे में उन्हें चौकियों से हटाना असंभव सा हो गया था। पाकिस्तानी सेना आर्टिलरी और एंटी-एयरक्राफ्ट गनों, मिसाइलों, मोर्टारों और हर तरह के भारी हथियारों से लैस थी।

चौकसी में ढील के लिए भारत को एक बड़ी कीमत चुकानी पड़ रही थी; लेकिन हमारे बहादुर जवानों का हौसला किसी भी तरह से डगमगानेवाला नहीं था।

पाकिस्तान के साथ लड़ाई छिड़ जाने के बाद विक्रम की यूनिट 13, जम्मू-कश्मीर राइफल्स का शाहजहाँपुर दौरा रद्द करके उसे कारगिल के लिए रवाना होने का आदेश दे दिया गया। 1 जून, 1999 को अपनी यूनिट के साथ वे कारगिल सेक्टर के लिए रवाना हो गए।

विक्रम ने इसकी सूचना हमें दी और हमें आश्वस्त किया कि लड़ाई के दौरान वह दस दिन एक बार जरूर हमें फोन किया करेंगे।

विक्रम जानते थे कि यह उनकी परीक्षा की घड़ी है और इस परीक्षा की घड़ी में उन्हें देश का साथ नहीं छोड़ना है। वह एक बृहत्तर उद्देश्य के

लिए स्वयं से ऊपर उठकर निःस्वार्थ सेवा में विश्वास करते थे; जिसके लिए अपना तन और मन समर्पित करते हुए वे ऐसे रास्ते पर निकल पड़े थे, जहाँ से वापस जाने का कोई रास्ता नहीं होता।

पदचिह्न, जिन्हें जीवन-यात्रा के शांत पथ पर भटका, बिछड़ा कोई दूसरा भाई शायद पहचान ले और उन पर चलना शुरू कर दे...

—एच.डब्ल्यू लांगफैलो

❑

हंप, रॉकी नॉब (Rocky Knob) पर विजय

(हम डेल्टा कंपनी वालों को रॉकी नॉब (Rocky Knob) पर कब्जा करने का आदेश मिला था। हमारे जवान जोश से लबालब भरे थे और हमारे कमांडिग ऑफिसर ने हमारे अंदर ऐसी जीवटता भरी थी कि हमारे लिए पीछे मुड़कर देखने का सवाल नहीं था। हम बस आगे बढ़ने के आदेश का इंतजार कर रहे थे।)

वर्ष 1999 की कारगिल की लड़ाई, जिसकी गिनती दुनिया की सबसे कठिन लड़ाइयों में की जाती है, विक्रम के लिए एक्शन फील्ड और खासकर द्रास तथा मुश्कोट घाटी उनके लिए एक्शन स्टेशन बन गई थी।

कारगिल सेक्टर चार सब-सेक्टरों में बँटा हुआ है : द्रास, मुश्कोट घाटी, बटालिक और काकसा (कारगिल)। पाकिस्तानी सेना नियंत्रण रेखा पार करके भारतीय सीमा में 10-15 किमी. अंदर तक घुस आई थी।

रक्षा विश्लेषकों के अनुसार घुसपैठ दिसंबर 1998 के अंत में उस समय शुरू हुई, जब पाकिस्तानी सेना ने इलाके में अपने बंकर तैयार कर लिये थे

मैंने कारगिल में विक्रम की उपलब्धियों के बारे में समाचार-पत्रों, पत्रिकाओं और उसके दोस्तों व सहकर्मियों के साथ बातचीत के माध्यम से पता लगाया। यहाँ पाठकों के लिए मैंने लड़ाई की स्थितियों का रूपांतरण प्रस्तुत करने का प्रयास किया है।

और वहाँ पर्याप्त मात्रा में हथियार और गोला-बारूद तथा रसद जमा कर लिये थे। कुछ अन्य विश्लेषकों का मानना है कि घुसपैठ की शुरुआत मई 1999 में हुई होगी, जब चोटियों पर बर्फ पिघलने लगती है। 14 मई, 1999 को जब दुश्मन को खदेड़ने के लिए अभियान शुरू हुआ, उस समय घुसपैठियों की संख्या लगभग 300 थी। धीरे-धीरे यह संख्या बढ़ती गई और जून तक यह संख्या बढ़कर 1500 के करीब पहुँच गई।

इनमें पाकिस्तानी सेना के सैनिक और विभिन्न लड़ाका संगठनों से किराए पर लाए गए सैनिक भी शामिल थे, इसलिए भारत को विवश होकर ऑपरेशन विजय शुरू करना पड़ा। दुश्मन सुनियोजित रणनीति के तहत भारतीय सेना पर हमला करके कश्मीर को हथियाना चाहता था।

हप, रॉकी नॉब, तोलोलिंग और प्वॉइंट 5140 का इलाका भारत के लिए सामरिक महत्त्व का था। यह द्रास सब-सेक्टर का हिस्सा था। इसके अंतर्गत श्रीनगर से लेह की ओर जानेवाला राजमर्ग और जोजीला से आगे का रास्ता भी आता था। हथियार और गोला-बारूद तथा खाद्य सामग्री की आपूर्ति के लिए इस मार्ग का खुला रहना जरूरी था।

दुर्गम क्षेत्र : हंप VII से द्रास का दृश्य

सम्मान सर्वोपरि : युद्ध विजय के बाद तीवडा तेरह, टोलोलिंग के अफसर

तोलोलिंग चोटी को दुश्मन से खाली कराने का काम राजपूताना राइफल्स को सौंपा गया था; इसके लिए उसके पास आर्टिलरी फायरिंग का सपोर्ट था और सीधे फायरिंग करनेवाली 120 गनों से लैस एक बिग्रेड थी। 13 जून को सुबह लगभग 8 बजे चोटी पर कब्जा कर लिया गया। इसमें 12 जवान मारे गए, जिसमें कुछ ऑफिसर भी थे। सशस्त्र बलों के लिए यह पहली राइफल्स थी, जिसने आगे की जीत का रास्ता तैयार किया। तोलोलिंग चोटी पर कब्जा हो जाने से लड़ाई का रुख बदल गया; इस सफलता से भारतीय सेना की चारों ओर से प्रशंसा हो रही थी, इससे हमारे सैनिकों का मनोबल ऊँचा हो गया था।

ऑपरेशन जारी था। सशस्त्र बलों ने अब हंप पर कब्जा करने के लिए तोलोलिंग चोटी से आगे बढ़ना शुरू कर दिया था।

द्रास को साइबेरिया के बाद दुनिया का दूसरा सबसे ठंडा इलाका माना जाता है, जहाँ मानव जनसंख्या निवास करती है। यहाँ सर्दियों में तापमान–60^0 सें. तक पहुँच जाता है। इसकी समुद्र तल से औसत ऊँचाई 10600 फीट है। हिमालय की श्रेणियों में यह ऊँचाई अलग-अलग स्थानों पर 12,000 से 18,000 फीट के बीच है।

यहाँ वर्ष भर ठंडी हवाएँ चलती रहती हैं, जो फेफड़ों को चीरती सी प्रतीत होती हैं और साँस लेने तथा चलने में दिक्कत महसूस होती है। दुश्मन ने चोटी पर अपनी स्थिति मजबूत कर ली थी, जहाँ से वह भारतीय जवानों पर निशाना साध सकता था। दुश्मन को वहाँ से उखाड़ने के लिए हमारे सशस्त्र बलों को ऐसी जमा देनेवाली सर्दी में उन बर्फीली चोटियों पर चढ़कर उनका मुकाबला करना था।

विक्रम की बटालियन वैसे तो जून के प्रथम सप्ताह में ही द्रास के लिए रवाना हो गई थी, लेकिन उसे पहला आदेश 12 जून, 1999 को मिला। सबसे पहले उसे हंप में लड़ाई कर रहे सशस्त्र बल के लिए परीक्षित बल के रूप में काम करना था। हंप तोलोलिंग चोटी का ही विस्तार है। वहाँ लड़ाई कर रही बटालियन ने अपने एक युवा ऑफिसर, मेजर अजय जस्टोरिया को खो दिया था।

13, जम्मू-कश्मीर राइफल्स के जवान दो रात लगातार लड़ाई करते रहे, और 17 जून, 1999 को उन्होंने हंप तथा रॉकी नॉब पर कब्जा कर लिया। इसमें दुश्मन के आठ सैनिक मारे गए, नौ घायल हुए और कुछ अन्य अपनी बंदूकें और आर्टिलरी छोड़कर भाग खड़े हुए।

द्रास से रवाना होने से ठीक पहले विक्रम ने अपने भाई विशाल को पत्र लिखा था। वह 15,500 फीट की ऊँचाई पर पाकिस्तानी सेना के साथ लड़ाई कर रहा था। पत्र में विक्रम ने यह भी लिखा था, 'मॉम एंड डैड का खयाल रखना' वह गर्व और उत्साह से भरा हुआ था।

❑

ऑपरेशन विजय

(मैं विश्वास करता हूँ, क्यों यह नामुमकिन नहीं है।)

प्वॉइंट 5140 सत्रह हजार फीट की ऊँचाई पर स्थित है। यह पर्वत शृंखला की सबसे ऊँची चोटी है। श्रीनगर के निकट होने के कारण यह चोटी भारत के लिए अधिक महत्त्वपूर्ण है। भारतीय सेना की स्थिति का अंदाजा लगाने के लिए वहाँ दुश्मन का एक हेलीकॉप्टर खड़ा रहता था और जब तक उस पर कब्जा नहीं होता, तब तक वहाँ कोई और हेलीकॉप्टर नहीं उतर सकता था। इसके अलावा, यह श्रीनगर-लेह राजमार्ग से सीधे जुड़ा था; इस पर कब्जा होने के बाद भारतीय सेना के लिए सफलता का रास्ता खुल सकता था।

इस चोटी पर कब्जा करने की जिम्मेदारी 13, जम्मू-कश्मीर राइफल्स की बी एंड डी कंपनी को सौंपी गई थी। 'डी'—डेल्टा कंपनी की कमान विक्रम के हाथ में थी और 'बी'—ब्रेव कंपनी की कमान कैप्टन एस.एस. जमवाल के हाथ में थी। बटालियन कमांडर लेफ्टिनेंट कर्नल वाई.के. जोशी को आर्टिलरी सपोर्ट उपलब्ध कराने के लिए श्रीनगर-लेह राजमार्ग पर प्वॉइंट 5140 के सामने की ओर मल्टी-बैरल रॉकेट लांचरों को रिप्लेस किया जा रहा था। 19 जून की रात में विक्रम और कैप्टन वाई.के. जमवाल को अपनी-अपनी कंपनी को लेकर आगे बढ़ने का काम सौंपा गया। सुबह पौ फटने से पहले-पहले उन्हें अपना काम समाप्त कर लेना था। दोनों ने

राष्ट्रीय नायक : प्वॉइंट 5140 की विजय के बाद मीडिया से बात करते विक्रम एंटी-एयरक्राफ्ट गन के साथ।

ले. कर्नल जोशी से हाथ मिलाया और अपने मिशन पर निकल पड़े। उसके पास सिर्फ 7-8 घंटे बचे थे। दुश्मन 17 हजार फीट की ऊँचाई पर बैठा था, जहाँ से वह हमारी सेना को ऊपर की ओर बढ़ते आसानी से देख सकता था। पाकिस्तानी सेना को हतप्रभ करने के लिए विक्रम ने पीछे की ओर से हमला करने का निश्चय किया। इसलिए उन्होंने अपने जवानों को बिना आवाज किए पहाड़ पर चढ़ने का आदेश दिया। कड़ाके की सर्दी और अँधेरी रात में हमारे बहादुर जवान बर्फ से ढकी चट्टानों से होते हुए ऊपर चढ़ने लगे।

वे इतनी सावधानी से आगे बढ़ रहे थे कि प्वॉइंट 5140 की 200-300 मीटर की रेंज में पहुँचने तक दुश्मन सेना उन्हें देख नहीं पाई थी। हमारे जवान जब आगे बढ़ने लगे, तो आर्टिलरी फायरिंग बंद कर दी गई थी; लेकिन दुश्मन को भनक लग गई और उसने फायरिंग शुरू कर दी। विक्रम और कैप्टन जमवाल को स्थिति को समझते देर नहीं लगी, वे दुश्मन की फायरिंग का जवाब देते हुए आगे बढ़ते रहे और इस प्रकार चोटी के बिल्कुल करीब पहुँच गए।

दूसरी ओर से दुश्मन ने अचानक फायरिंग शुरू कर दी। गोलियों, बंदूकों और एंटी-एयरक्राफ्ट गनों की आवाज से रात का सन्नाटा टूट गया, परंतु दोनों ही कंपनियाँ प्वॉइंट 5140 की ओर बढ़ती रहीं।

विक्रम के कड़क रवैए के लिए उनके सहकर्मियों ने उन्हें 'शेरशाह' का कूट नाम दिया था। विक्रम जब अपने लक्ष्य के बिल्कुल करीब पहुँच गए, तो दुश्मन फौज के कमांडर ने रेडियो सेट पर उन्हें चेतावनी देते हुए कहा, 'तुम क्यों आ गए, शेरशाह? तुममें से एक भी जिंदा वापस नहीं जाएगा।' लेकिन विक्रम ने धमकियों से डरना सीखा ही नहीं था। उन्होंने जवाब दिया, 'अभी एक घंटे के अंदर पता चल जाएगा कि कौन यहाँ रहनेवाला है!'

भारतीय जवानों के मन में गुस्सा और दृढ संकल्प था; वे रुकनेवाले नहीं थे। उनका हमला इतना जोरदार था कि पाकिस्तानियों को पीछे हटना पड़ा। वे जोर-जोर से चीत्कार कर रहे थे, 'हम जीतेंगे, और आखिर में उन्होंने अपना संकल्प पूरा किया।

हमले में कैप्टन जमवाल की कंपनी के एक जवान का हाथ कट गया। जमवाल ने उसे एक चट्टान के पीछे ले जाकर उसके जख्मी हाथ पर पट्टी बाँधी। एक-दूसरे को पकड़े हुए दोनों अत्यंत भावुक हो गए थे। बाद में मुझे कहीं पढ़ने को मिला कि वह बहादुर सैनिक जबरदस्त बास्केटबॉल खिलाड़ी था; लेकिन अब वह कभी भी खेल पाने की स्थिति में नहीं था, लेकिन हमारे जवानों का हौसला टूटनेवाला नहीं था। कैप्टन जमवाल वापस आकर विक्रम के साथ हमले में फिर से शामिल हो गए।

कैप्टन जमवाल के नेतृत्व में ब्रेवो कंपनी ने चोटी पर पहुँचकर दो बंकरों पर कब्जा कर लिया। उसी समय विक्रम ने अपनी कंपनी के साथ हमला करते हुए पूर्वी बंकरों पर तीन रॉकेट दागे। उन्होंने निकटतम बंकर पर एक हेंड ग्रेनेड से हमला किया और तुरंत दूसरे बंकर पर पहुँच गए। वे जबरदस्त जोश और बहादुरी के साथ लड़ रहे थे।

विक्रम और कैप्टन जमवाल ने अपनी बहादुरी और सूझबूझ का परिचय देते हुए सातों बंकरों पर कब्जा कर लिया। इस हमले में आठ पाकिस्तानी

युद्ध के लिए तैयार ऊबड़-खाबड़ इलाके में जमीन पर बैठे सैनिक

सैनिक मारे गए, कुछ घायल हुए और कुछ अन्य रात के अँधेरे में भागते हुए गिरकर मर गए। हमारी सेना ने उनके पास से भारी मात्रा में हथियार और गोला-बारूद तथा एक एंटी-एयरक्राफ्ट गन बरामद की थी।

सातों बंकरों पर कब्जा करने के बाद दोनों कंपनियाँ रात में सवा तीन बजे चोटी पर पहुँच गई थीं। विक्रम ने जब अपनी घड़ी में देखा था, तब तीन बजकर पचीस मिनट हो रहे थे। सुबह की पौ फटने में अभी एक घंटा बाकी था। इस प्रकार दोनों ने मिलकर सातों बंकर खाली करा लिये और वहाँ से दुश्मन को खदेड़ दिया। वे प्वॉइंट 5140 पर कब्जा जमा चुके थे; इस सफलता से युद्ध में भारत की जीत की संभावना को काफी बल मिला था।

कैप्टन जमवाल ने रेडियो सेट के माध्यम से अपना विजय संकेत—'अरे हाँ, हाँ हाँ' और विक्रम ने अपना विजय सकेंत—'ये दिल माँगे मोर' प्रसारित किया तो सेना मुख्यालय में गर्वभरे उत्साह की लहर दौड़ पड़ी।

❑

प्वॉइंट 5140 पर कब्जा

(हम कैप्टन बत्रा के आभारी हैं कि उन्होंने हमारी पेप्सी का जाना-पहचाना स्लोगन 'ये दिल माँगे मोर' इस्तेमाल किया और (अपने साथ) उसे भी अमर बना दिया।)

विक्रम और कैप्टन जमवाल से जीत का संदेश पाकर कर्नल जोशी बहुत उत्साहित थे। वे चोटी की ओर बढ़ने लगे, क्योंकि हमले के लिए रवाना होने से पहले दोनों युवा अधिकारियों ने सुबह की चाय प्वॉइंट 5140 पर एक साथ पीने का वादा किया था। नई दिल्ली स्थित सेना के मुख्यालय और बिग्रेड में खुशी की लहर दौड़ पड़ी थी। भारत और भारतीय सेना के लिए यह एक ऐतिहासिक उपलब्धि थी।

बटालियन के उल्लेखनीय प्रदर्शन पर सेना प्रमुख जनरल वी.पी. मलिक ने व्यक्तिगत रूप से टेलीफोन करके विक्रम को बधाई दी थी।

लड़ाई में अपना एक भी जवान खोए बिना 17,000 फीट की ऊँचाई पर यह 13, जम्मू-कश्मीर राइफल्स के लिए एक निर्णायक जीत थी। कर्नल जोशी की आँखें खुशी से नम थीं, जब उन्होंने ये शब्द कह रहे थे, 'इस ऑपरेशन में एक भी जवान की जान नहीं गई। प्वॉइंट 5140 पर जिस तरह सैनिक अभियान को अंजाम दिया गया और जीत हासिल की गई, उसके लिए पर्वतीय युद्धकला पर एक पूरी की पूरी पाठ्यपुस्तक बननी चाहिए। 17,000 फीट ऊँची चोटी को इस तरह दुश्मन के कब्जे से छुड़ाना और वह भी अपना एक

भी जवान खोए बिना, इतना आसान नहीं था। यह सब कुछ ईश्वर की कृपा और हमारे युवाओं के समर्पण की बदौलत मुमकिन हो सका।'

प्वॉइंट 5140 पर कब्जा होने से कारगिल की लड़ाई में भारत की जीत सुनिश्चित हो गई थी।

विभिन्न रिपोर्टों की मानें तो पर्वतीय लड़ाई में यह भारत के सबसे कठिन अभियानों में से एक था। प्वॉइंट 5140 पर पहुँचने के लिए आठ उभार पार करने पड़ते हैं। पाकिस्तानी सेना ने इन चोटियों पर मशीनगनें तैनात कर रखी थीं और पाक अधिकृत कश्मीर से उसे आर्टिलरी सपोर्ट भी प्राप्त था, लेकिन हमारे वीर जवानों ने असंभव को संभव कर दिखाया। विक्रम के जवान उनके नाम की कसमें खाते थे। बेस कैंप में भारतीय सैनिकों द्वारा पकड़ी गई पाकिस्तानी गन पर चढ़े विक्रम और उनकी बटालियन के फोटोग्राफ देशभर के समाचार-पत्रों में प्रकाशित हुए थे।

विक्रम के असाधारण कौशल के लिए उन्हें कई उपाधियों से सम्मानित किया गया था—'द्रास का टाइगर', 'कारगिल का शेर', 'कारगिल का हीरो' वगैरह-वगैरह। उनकी हिम्मत, बहादुरी और दृढसंकल्प ने लड़ाई लड़ रहे जवानों के लिए एक मानदंड तैयार किया था। इस प्रकार वे राष्ट्रीय हीरो बन गए थे।

प्वॉइंट 5140 पर विजय पताका फहराने के बाद विक्रम ने 2 जून, 1999 को सुबह हमसे फोन पर बात की थी। फोन मैंने ही रिसीव किया था। जीत की खुशी विक्रम के स्वर में साफ झलक रही थी। 'डैडी, मैंने अपनी चोटी पर कब्जा कर लिया है।' लड़ाई में जाने के बाद यह उनका पहला फोन था।

पत्र

16.06.99

प्रिय कुश,

काफी समय से हमारा संपर्क नहीं हुआ। तुम्हारे ऑफिस का फोन ट्राई किया, लेकिन संपर्क नहीं हो सका। अभी पापा के साथ ही काम कर रहे हो या कुछ नया शुरू किया है, तुम्हारे बैंक ऑफ पंजाब के इंटरव्यू का क्या हुआ ?

मैं कमांडो कोर्स पूरा करके वापस आने के लिए लगभग तीन महीने तक रोज पढ़ने और संगीत सुनने का आनंद लेता रहा। अब यहाँ माहौल बहुत गरम हो गया है। मैं यहाँ 15,500 फीट की ऊँचाई पर हूँ और पाकिस्तानियों के साथ लड़ाई चल रही है। सुरक्षा कारणों से मैं स्थान का नाम तुम्हें नहीं बता सकता।

जिदंगी दाँव पर है, यहाँ कभी भी कुछ भी हो सकता है। रोज गोलीबारी हो रही है। आज का दिन दुर्भाग्यपूर्ण रहा, क्योंकि हमने अपना एक ऑफिसर खो दिया। ऑफिसर का नाम मैं नहीं बता सकता। वह मेरे सीनियर थे। इस कारण यहाँ सब दुःखी हैं। शेष ठीक है।

कुश, मॉम–डैड का खयाल रखना, क्योंकि जैसा मैंने लिखा है, यहाँ कुछ भी हो सकता है। मोनी और दीदी–जीजाजी को मेरा नमस्ते कहना, मोना कैसी है ? उसे मेरी ओर से 'हाय' कहना और एक बार जरा डिंपल से बात कर लेना, उसे मेरी ओर से 'हाय' कहना। छुट्टियाँ रद्द हो गई हैं, इसलिए कुछ पता नहीं, कब आना होगा।

और क्या लिखूँ। तुम सबकी बहुत याद आती है। पत्र का जवाब देना और डिंपल से कहना कि वह भी पत्र लिखेगी। आशा है, जल्दी ही तुम लोगों से मुलाकात होगी। तब तक के लिए गुडबाय!

—तुम्हारा भाई,

लव

पत्र

20.06.99

आदरणीय मम्मी एवं डैडीजी,

आपको मेरा पहले का पत्र मिल गया होगा और आशा है आप लोग सकुशल होंगे।

डैड, आपको यह जानकर गर्व होगा कि आपके बेटे ने बटालिक सब-सेक्टर, द्रास में तोलोलिंग घाटी में स्थित सबसे ऊँची चौकी, प्वॉइंट 5140 (ऊँचाई 17,000 फीट) पर कब्जा कर लिया है। इसके लिए सेना प्रमुख ए.जी., डी.जी. एम.ओ. और अन्य सीनियर आर्मी कमांडरों की ओर से मुझे बधाइयाँ मिल रही हैं। बटालियन बहुत खुश है। यह सर्वाधिक रणनीतिक महत्त्व की चौकी है, जिस पर घुसपैठियों ने कब्जा कर लिया था। अपनी बटालियन के एक अन्य ऑफिसर, जो मुझसे छह महीने सीनियर हैं और मलाँ के रहनेवाले हैं, के साथ मिलकर हमने अलग-अलग दिशाओं से चौकी पर हमला किया और सुबह होते-होते हमने चौकी पर कब्जा कर लिया। सबसे अच्छी बात यह रही कि इसमें हमारी तरफ का एक भी जवान हताहत नहीं हुआ; बस, दो-तीन जवानों को मामूली चोटें आईं। शेष सब ठीक है। सीमा, नीतू और कुश को मेरी ओर से यथोचित नमस्ते और प्यार। लिखने के लिए और कोई नई बात नहीं है। अपना खयाल रखना।

—आपका बेटा लव

पत्र

23.06.99

प्रिय कुश,

हाय! आशा है, तुम स्वस्थ और सकुशल होगे और तुम्हें मेरा पहले वाला पत्र मिल गया होगा, जो मैंने मोनी के पते पर भेजा था। इस समय मैं तोलोलिंग में प्वॉइंट 5140 से तुम्हें पत्र लिख रहा हूँ, जिसके बारे में तुमने खबरों में सुना होगा। यह जानकर तुम्हें गर्व होगा कि ले. जमवाल (जिनसे तुम शिमला में मिले थे) और मैंने मिलकर चोटी पर हमला किया था और पाकिस्तानी सैनिकों को मारकर इस पर कब्जा कर लिया, जिसमें ढेर सारे हथियार और गोला-बारूद बरामद हुए हैं। हमारी इस सफलता से पूरी बटालियन बहुत खुश है। हम दोनों को 'महावीर चक्र' के लिए संस्तुति दी गई है और मैं कैप्टन की रैंक में पहुँच गया हूँ।

कल मैंने यहीं से मम्मी-डैडी को फोन किया था, यहाँ कुछ समय के लिए सैटेलाइट फोन लग गया है, इसलिए सबको अपनी-अपनी जगह से फोन करने की सुविधा मिल गई है। निप्पी, निप्पी के मम्मी-डैडी, ओंकार के पत्र भी मेरे पास आए हैं। बाकी सब ठीक है। छुट्टी के बारे में अभी कुछ पता नहीं है। डिंपल को भी फोन कर लेना और उसे मेरी कामयाबी के बारे में बताना और कहना कि मैं ठीक हूँ। सेना प्रमुख ए.जी., डी.जी., एम.ओ. और अन्य अधिकारियों ने फोन करके हमें बधाई दी थी और क्या लिखूँ। शेष सब ठीक है। इस समय मैं 17,200 फीट की ऊँचाई पर हूँ; ठंड से हाथ काँप रहे हैं।

—तुम्हारा भाई, लव

फोन की लाइन क्लीयर नहीं थी, इस कारण आवाज कट रही थी। विक्रम ने मुझे आश्वस्त करते हुए बताया था कि वह ठीक है और उन्हें अपने काम में सफलता मिली है। उनकी माँ ने उन्हें आशीर्वाद देते हुए अपना कर्तव्य पूरा करने और कभी पीछे मुड़कर न देखने के लिए प्रोत्साहित किया और उन्होंने पीछे मुड़कर देखा भी नहीं।

❑

देश का गौरव, देश का हीरो

(सब महान चीजें सीधी-सरल होती हैं, उनमें से कई तो ऐसी होती हैं, जिन्हें एक शब्द में व्यक्त किया जा सकता है : स्वतंत्रता, न्याय, गौरव, कर्तव्य, दया, उम्मीद।)

—विंस्टन चर्चिल

प्वॉइंट 5140 पर कब्जा कर लिये जाने के बाद विक्रम देश के हीरो बन गए थे। उनके वीरतापूर्ण कार्यों से जुड़ी कहानियाँ टी.वी. पर पूरे देश में दिखाई जा रही थीं। चार-दिन तक वे टी.वी. पर आते रहे और पत्रकारों को बताते रहे कि किस प्रकार उन्होंने अपने जवानों का नेतृत्व किया और किस प्रकार प्वॉइंट 5140 पर अपनी विजय पताका फहराई। समाचार-पत्रों में उन हथियारों के चित्र भी प्रकाशित हुए थे, जो विक्रम और उनके जवानों ने दुश्मन के पास से बरामद किए थे। यह न सिर्फ उनकी बटालियन या उनके जवानों के लिए, बल्कि पूरे देश के लिए गर्व की बात थी। चोटी पर आग उगलती मशीनगनों के बीच जिस प्रकार उन्होंने एक चट्टान की आड़ लेकर दुश्मन पर हमला किया और अंततः उसे मार भगाया, उस पर पूरा देश दाँतों तले उँगली दबा रहा था।

अपने अदम्य साहस का प्रदर्शन करते हुए विक्रम अपने साथ पाँच जवानों को लेकर ऊपर चढ़ गए और रेंगते हुए दुश्मन की मशीनगन की ओर बढ़ते हुए दो ग्रेनेड दागे। आमने-सामने की लड़ाई में उन्होंने दुश्मन के तीन जवानों को अकेले मार गिराया। उसके बाद अपने जवानों को दुबारा संगठित करके

महान् नेता बनते हैं : अपनी इसी मुसकान के साथ, जो उन्हें बाकियों से अलग बनाती थी, विक्रम ने अपने सैनिकों के साथ जंग के मैदान पर धावा बोल दिया।

वे आगे बढ़े। सामने की ओर से हमले का नेतृत्व करते हुए वे अपने जवानों के साथ आगे बढ़ते रहे और सुबह होते-होते प्वॉइंट 5140 पर कब्जा कर लिया।

इस वीरतापूर्वक कार्य से देश का एक-एक नागरिक, खासकर युवा पीढ़ी, स्वयं को गौरवान्वित महसूस कर रही थी। घर-घर में उनकी वीरता और पराक्रम की चर्चा हो रही थी। जो भी उनके कार्यों के बारे में सुनता था, उसके मन में देशभक्ति की एक सहज भावना भर उठती थी।

प्वॉइंट 5140 पर ऐतिहासिक विजय प्राप्त करने के बाद वरिष्ठ पत्रकार बरखा दत्त ने विक्रम का साक्षात्कार लिया था, जिसमें उन्होंने विक्रम से पूछा था कि 'ये दिल माँगे मोर' वाली विजय हासिल करने के बाद उन्हें कैसा लग रहा है। उनके चेहरे की चमक और गर्वीली मुस्कान उनके अंदर भरे आत्मविश्वास को प्रकट कर रही थी।

इस जीत के बाद विक्रम मीडियावालों के चहेते बन गए थे, उन्हें कई साक्षात्कारों में दिखाया गया; उनकी वीरता की कहानी देश के गौरव की कहानी बन गई थी। एक साक्षात्कार में उन्होंने न्यूज रिपोर्टरों को बताया था कि प्वॉइंट 5140 पर हमले के दौरान जब वे अपने लक्ष्य से 50 मीटर की दूरी पर रह गए थे, तभी उनके सामने बर्फ की एक पट्टी पड़ गई : दुश्मन ने जब फायरिंग शुरू की तो वे मरने का नाटक करते हुए वहीं लेट गए, क्योंकि दुश्मन की ओर से मशीनगनों और रॉकेटों का इस्तेमाल किया जा रहा था।

ऊर्जा और आत्मविश्वास से लबालब : विक्रम के चेहरे पर गर्वीली मुस्कान थी।

प्वॉइंट 5140 पर कब्जा हो ज़ाने के बाद हमारी सेना का मनोबल बढ़ गया और आगे की सफलता के लिए रास्ता आसान हो गया। विक्रम का नाम देश के दूसरे सबसे बड़े वीरता पुरस्कार; 'महावीर चक्र' के लिए भी संस्तुत किया गया था।

इधर दुश्मन की ओर से लगातार फायरिंग हो रही थी। जवाब में हमारे जवान ऑटोमैटिक गन से फायरिंग कर रहे थे, लेकिन दूसरी ओर से जबरदस्त फायरिंग के कारण टिकना मुश्किल हो रहा था। प्वॉइंट 4875 पर कब्जा करना बहुत महत्त्वपूर्ण था। अब लेफ्टिनेंट कर्नल जोशी को तय करना था कि मिशन का नेतृत्व कौन करेगा।

एक बार फिर विक्रम टुकड़ी का नेतृत्व करने के लिए तैयार थे। ऐसा माना जाता है कि थके हुए जवानों को बार-बार लड़ाई में लगाना खतरनाक होता है, लेकिन जब लड़ाई लगातार चल रही हो, तो उस स्थिति में और कोई विकल्प नहीं रह जाता। जवानों में इतना जोश और उत्साह था कि सीनियर के ऑर्डर को बिना सवाल किए मानने के कड़े नियम के बावजूद कई जवान

विक्रम के साथ लड़ाई में जाने का आग्रह कर रहे थे और वह भी कमांडिंग ऑफिसर की नाराजगी की परवाह किए बिना। वे इतने ज्यादा उत्साहित थे कि उन्हें कोर्ट मार्शल की भी चिंता नहीं थी।

सेना का हर जवान अब विक्रम का सम्मान करने लगा था और उनकी बहादुरी तथा दृढ सकंल्प की कहानी देश की गौरव-गाथा बन गई थी। ❑

प्वॉइंट 4875 की लड़ाई

(मेरे पीछे मत चलो, हो सकता है कि मैं तुम्हारा नेतृत्व न कर सकूँ। मेरे आगे मत चलो, हो सकता है कि मैं तुम्हारा अनुसरण न कर सकूँ। मेरे दोस्त, मेरे साथी बनकर मेरे साथ-साथ चलो।)

प्वॉइंट 5140 पर कब्जा हो जाने के बाद विक्रम और कैप्टन जमवाल के नेतृत्व में हमारे सैन्य दल को कुछ दिन तक वहाँ रुकना पड़ा, क्योंकि दुश्मन की ओर से जवाबी हमले की आशंका थी। अपने सुरक्षा घेरे को मजबूत बनाने और बंकरों को नया रूप देने के लिए वे वहाँ 26 जून तक रुके रहे। उसके बाद वे विश्राम करने और नई ऊर्जा के साथ आगे बढ़ने के लिए बेस कैंप में आ गए। वे 3-4 दिन से ज्यादा विश्राम नहीं कर पाए, क्योंकि अन्य चोटियों पर स्थिति बिगड़ रही थी और प्वॉइंट 4875 उनके लिए एक चुनौती बन गई थी। उस पर कब्जा करना अब भारत के लिए बहुत जरूरी हो गया था।

पत्र

02.07.99

आदरणीय डैडी एवं मम्मीजी,

आशा है, आप लोग स्वस्थ और सकुशल होंगे। मैं उम्मीद करता हूँ कि मेरे पहले के दो पत्र आपको मिल गए होंगे।

मैं यहाँ ईश्वर की कृपा से सकुशल हूँ। मैं 5-6 दिन के रेस्ट के लिए द्रास आया था, लेकिन फिलहाल आज हम एक अन्य आक्रामक काररवाई के लिए निकलनेवाले हैं, जिसकी पूरी तैयारी हो चुकी है। इससे पहले हमने एक बहुत बड़े अभियान को अंजाम दिया था, जिसमें मुझे शत प्रतिशत सफलता मिली। इस सेक्टर में यह हमारी सबसे बड़ी सफलता रही, जिसके लिए सेना प्रमुख और अन्य वरिष्ठ कमांडरों की ओर से फोन पर बधाइयाँ मिलीं। मीडियावालों की ओर से मेरा साक्षात्कार भी लिया गया।

अभी मैं कुछ कह नहीं सकता कि बेस कैंप में आने का मौका हमें कब मिलेगा, लेकिन जब भी मुझे मौका मिलेगा, मैं आप लोगों को फ़ोन करूँगा। तो, अभी मेरे अगले अभियान की सफलता के लिए ईश्वर से प्रार्थना कीजिए और क्या लिखूँ। अपना खयाल रखना।

—आपका बेटा

लव!

सदैव-सदैव के लिए प्यार

जवाब देना।

प्वॉइंट 4875 एक तरह से असंभव मिशन था। यहाँ की चोटियों पर स्थितियाँ बहुत प्रतिकूल थीं। यहाँ दुश्मन का अच्छा-खास जमावड़ा था और पाकिस्तानी आर्टिलरी ने द्रास और मतायन के मध्य राष्ट्रीय राजमार्ग 1 ए के लगभग 30-40 किमी. क्षेत्र को अपना निशाना बना रखा था। इस मार्ग से होकर आने-जानेवाले वाहनों को आसानी से निशाना बनाकर उन्हें नष्ट किया जा सकता था। हेलीकॉप्टरों की लैंडिंग भी असंभव हो गई थी।

परंतु भारतीय सैन्य दल अपनी चौकियों पर डटे रहे। हालाँकि जल्दी ही उन्हें नई टुकड़ियों की आवश्यकता पड़ी। तभी विक्रम और उनके जवानों को मदद के लिए बुलाया गया। पाकिस्तानियों ने उस वायरलेस संदेश को इंटरसेप्ट कर लिया था (यानी बीच में रोककर जान लिया था।) जिसमें बेस कैंप की ओर से ऊपर तैनात जवानों को बताया जा रहा था कि शेरशाह जल्दी ही उनके पास पहुँचने वाला है।

फाइनल लड़ाई के लिए ऊपर जाने से पहले विक्रम ने हमें एक पत्र लिखा था, जिसमें उनका उत्साह और समर्पण झलकता है। पत्र में उन्होंने लिखा था :

मैं यहाँ ईश्वर की कृपा से सकुशल हूँ। मैं 5-6 दिन के रेस्ट के लिए द्रास आया था, लेकिन फिलहाल आज हम एक अन्य आक्रामक काररवाई के लिए निकलनेवाले हैं, जिसकी पूरी तैयारी हो चुकी है।

इससे पहले हमने एक बड़े अभियान को अंजाम दिया था, जिसमें मुझे शत प्रतिशत सफलता मिली। इस सेक्टर में यह हमारी सबसे बड़ी सफलता रही, जिसके लिए सेना प्रमुख और अन्य वरिष्ठ कमांडरों की ओर से फोन पर बधाइयाँ मिलीं। मीडियावालों की ओर से मेरा साक्षात्कार भी लिया गया।

अभी मैं कुछ कह नहीं सकता हूँ कि बेस कैंप में आने का मौका हमें कब मिलेगा, लेकिन जब भी मुझे मौका मिलेगा, मैं आप लोगों को फोन करूँगा तो अभी मेरे अगले अभियान की सफलता के लिए ईश्वर से प्रार्थना कीजिए।

मैंने और मेरी पत्नी दोनों ने पत्र को पढ़ा और अपने 24 वर्षीय बहादुर बेटे के वापस आने और घर फोन करने की प्रतीक्षा करते रहे और वह प्रतीक्षा एक शाश्वत प्रतीक्षा बन गई।

❑

अंतिम लड़ाई

(मैं वापस लौटूँगा या तो भारत को जीत दिलाकर अपने राष्ट्रीय ध्वज को ऊँचा करके या फिर स्वयं उसमें लिपटकर।)

प्वॉइंट 4875 को दुश्मन से छुड़ाने का मिशन आसान नहीं था। इतनी ऊँचाई पर जिस तरह की स्थितियों का सामना करना पड़ रहा था, उसकी कल्पना करना भी बहुत मुश्किल बात थी। यह सबसे दुर्गम चोटियों में से एक थी और सबसे ज्यादा महत्त्वपूर्ण भी। इसे वापस अपने कब्जे में लेने से घाटी पर भारत की पकड़ मजबूत होनेवाली थी। 17,000 फीट की ऊँचाई पर तैनात पाकिस्तानी आर्टिलरी ने द्रास से लेकर मतायन तक राष्ट्रीय राजमार्ग 1 ए के पूरे क्षेत्र को अपने निशाने पर ले रखा था। इस मार्ग से गुजरनेवाले कई बहादुर ट्रक ड्राइवर पाकिस्तानी आर्टिलरी का निशाना बन चुके थे। ऐसी विपरीत परिस्थिति में भी हमारे साहसी पायलट अपने हेलीकॉप्टर पैंद्रास रिज के साथ-साथ बहुत नीचे से उड़ा रहे थे।

* * *

अगले कुछ दिन तक कॉलेज से घर लौटकर मैं टी.वी. पर इवनिंग न्यूज देखता रहता था, ताकि अपने बेटे के बारे में अद्यतन जानकारी पा सकूँ। मुझे याद है, जब एक संवाददाता ने बेस कैंप में जाकर विक्रम का इंटरव्यू लिया था और उनसे अपने विचार साझा करने के लिए कहा था, जिस पर विक्रम ने जवाब दिया था, 'हमारी सरकार हर संभव प्रयास करके इतनी ऊँचाई पर

हमारे लिए भोजन सामग्री और अन्य वस्तुएँ पहुँचा रही है। बहुत मुश्किल काम है। मैं चाहता हूँ कि हमारी सरकार और समाज लड़ाई में शहीद हुए जवानों के परिवारों का साथ दें। उनके इस परिपक्वतापूर्ण जवाब के लिए उनके कमांडरों ने उनकी प्रशंसा की थी। (कारगिल युद्ध के समय उनकी उम्र मात्र 24 वर्ष ही तो थी), लेकिन यहाँ सैकड़ों मील दूर टी.वी. पर विक्रम के चेहरे का भाव देखकर मेरा दिल बैठने लगा था। रिपोर्टर से बात करने के बाद ही उन्होंने अपना चेहरा कमरे से हटा लिया था। मैंने टेलीविजन स्क्रीन से अपनी आँखें हटाईं और एकदम खामोश हो गया। मुझे याद है, उस समय मेरी पत्नी ने पूछा था कि आप इस तरह खामोश क्यों हो गए; लेकिन बेटे की सुरक्षित वापसी को लेकर अपने मन में उठ रही आशंका की बात मैं उन्हें कैसे बता सकता था।

* * *

1 जुलाई, 1999 को लेफ्टिनेंट कर्नल जोशी और 'ए' कंपनी के कमांडर मेजर एस. विजय भास्कर ने ऊँचाई पर चढ़कर पूरे अभियान क्षेत्र का निरीक्षण किया ताकि हमले की योजना तैयार की जा सके। रिपोर्ट के आधार पर कमांडर ने 79, माउंटेन ब्रिगेड्स स्थित हेडक्वार्टर पर एक उपयुक्त युद्ध योजना तैयार की। 2 जुलाई, 1999 को बटालियन को प्वॉइंट 4875 से 1500 मी. से नीचे उस क्षेत्र में ले जाया गया, जहाँ स्थिति सेना के लिए अनुकूल थी। सेना के बहादुर पोर्टरों ने भारी हथियारों और गोला-बारूद को वहाँ तक पहुँचाने का प्रबंध किया।

4 जुलाई, 1999 को कंपनी कंमाडर मेजर गुरप्रीत सिंह ने बटालियन को उसका लक्ष्य दिखाया। शाम 6 बजे तक बोफोर्स गनों से बमबारी शुरू हो चुकी थी। उसके बाद रात 8.30 बजे सैन्य दल ने 17,000 फीट की ऊँचाई पर स्थित चोटी पर चढ़ना शुरू कर दिया। घने कुहरे के कारण ऊपर चढ़ने में बहुत कठिनाई हो रही थी। इतनी ऊँचाई पर हवा इतनी हल्की हो जाती है कि साँस लेना मुश्किल हो जाता है। हमारे जवान अपने लक्ष्य से 200 मीटर

की दूरी पर थे, तभी दुश्मन ने फायरिंग शुरू कर दी। जवाब में हमारे जवानों ने भी ऑटोमेटिक गन से फायरिंग की, लेकिन दुश्मन मजबूत स्थिति में थे और दिन का उजाला भी होनेवाला था, इस कारण हमारे जवानों के दुश्मन की नजर में आ जाने का खतरा था। दुश्मन की ओर से लगातार फायरिंग जारी थी, जिसकी सूचना कंपनी कमांडर को दी गई।

5 जुलाई को लेफ्टिनेंट कर्नल जोशी ने स्वयं फायर कैंप से दो फैगॉट मिसाइलें दागीं, जो सीधे निशाने पर लगीं और दुश्मन भागते नजर आए। 5 जुलाई, 1999 को अपराह्न 1 बजे हमारी सेना ने प्वॉइंट 4875 को अपने कब्जे में कर लिया।

परंतु प्वाइंट 4875 के उत्तर में एक पोजीशन से दुश्मन अब भी फायरिंग कर रहा था। अब उस चौकी से दुश्मन को हटाना बहुत जरूरी हो गया था। प्वॉइंट 4875 के उत्तर में एक लंबी सँकरी पट्टी पर दुश्मन सेना की एक टुकड़ी दिखाई दे रही थी। भारतीय सेना को अपनी स्थिति सुरक्षित करने के लिए उस पट्टी को दुश्मन से खाली कराना जरूरी था। दिनभर लड़ाई जारी रही। 6 जुलाई, 1999 को खबर मिली कि लड़ाई जारी रखने के लिए हमारी फौज को और टुकड़ियों की जरूरत पड़ेगी। अत: वहाँ तुरंत अतिरिक्त सैनिक टुकड़ियाँ भेजी गईं; जिससे हमारे जवानों में उत्साह की नई लहर दौड़ पड़ी। विक्रम के आने की खबर सुनकर हमारे जवान बहुत खुश थे, सबकी नजरों में वह हीरो जो बन गए थे ; उनकी हिम्मत और बहादुरी की चर्चा अब तक पूरी सेना में फैल चुकी थी। उधर रेडियो सेट पर प्रसारित संदेश के जरिए दुश्मन को विक्रम के आने की खबर लग गई। इस बार भी दुश्मन उन्हें रेडियो सेट पर धमकी दे रहे थे, 'शेरशाह, ऊपर तो आ गए हो, लेकिन वापस नहीं जाने देंगे; इंशा अल्ला ऊपर ही भेज देंगे।' इस पर विक्रम का जवाब था, 'ऊपर तो तुम्हें और तुम्हारे साथियों को जाना होगा।'

इस प्रकार गोलियों और बमबारी के बीच बैठकर विक्रम ने अपने जुड़वाँ भाई को अपना अंतिम पत्र लिखा था :

प्रिय कुश,

मैं यहाँ बहुत ऊँचाई पर बैठा हूँ और अपने काम को अंजाम देने के लिए तैयार हूँ। आज शाम तक हो सकता है कि मैं बेस कैंप से ऊपर जाऊँ। दो कंपनियाँ पहले से वहाँ लड़ाई में तैनात हैं। हम अपने लक्ष्य के बिल्कुल करीब हैं, लेकिन उसके बारे में तुम्हें लिखकर नहीं बता सकता। स्थिति में सुधार आ रहा है, लेकिन पता नहीं है कि अभी और कितना समय लगेगा; लेकिन हमारी सेना का प्रदर्शन यहाँ बहुत अच्छा चल रहा है।

6-7 जुलाई को अस्वस्थ होने के बावजूद विक्रम सैन्य दल का नेतृत्व करते हुए उस पट्टी की ओर जाने के लिए तैयार थे। तेज बुखार के कारण उनकी आँखें लाल हो रही थीं और उन्होंने कंबल ओढ़ रखा था। कमांडिग ऑफिसर उनकी हालत देखकर उन्हें मोर्चे पर भेजने में हिचकिचा रहा था, लेकिन विक्रम जाने का आग्रह कर रहे थे। अंत में अपने जवानों को साथ लेकर वे मोर्चे के लिए निकल पड़े। बाद में एक प्रत्यक्षदर्शी से मुझे पता चला कि ऊपर चढ़ते समय अचानक विक्रम के चेहरे का रंग बदल गया था। उनके चेहरे से बुखार और कमजोरी के लक्षण गायब हो चुके थे और अब वह अपने मिशन के लिए तैयार थे।

मुश्को घाटी की सर्द हवाएँ हमारे जवानों की हड्डियों तक में समा रही थीं। चारों ओर घुप्प अँधेरा था और तभी बर्फबारी भी शुरू हो गई, लेकिन विक्रम अपने जवानों का हौसला बढ़ाते हुए लगातार आगे बढ़ते जा रहे थे। तभी उन्हें मशीनगन की आवाज सुनाई दी, जिससे जवानों को रुकना पड़ गया।

चट्टानों की आड़ में छिपते हुए विक्रम तेजी से उस गन की ओर बढ़े, जिससे फायरिंग हो रही थी। वहाँ पहुँचकर उन्होंने एक हैंड ग्रेनेड से उसे उड़ा दिया। उसके बाद अपने जवानों को साथ लेकर अगली पोजीशन की ओर बढ़े, क्योंकि सुबह का उजाला होने से पहले-पहले दुश्मन की सारी गनों को नष्ट कर देना जरूरी था।

प्रिय कुश,

आशा है, पहले के मेरे दोनों पत्र तुम्हें मिल गए होंगे, जो मैंने लड़ाई के दौरान ही लिखे थे और जिदंगी कैसी गुजर रही है? उम्मीद है, वहाँ तुम मजे में होगे।

मैं यहाँ ईश्वर की कृपा से सकुशल हूँ और इन हरामजादों के साथ लड़ाई लड़ने में व्यस्त हूँ। चार-पाँच दिन के रेस्ट के लिए नीचे आया था, लेकिन आज ही हमें एक अन्य हमले के लिए निकलना है। सुरक्षा कारणों के चलते मैं तुम्हें उस स्थान के बारे में लिखकर नहीं बता सकता।

इससे पहले के अभियान में हमने शत प्रतिशत सफलता हासिल की। अभी दो दिन पहले स्टार टीवी (STAR TV), जी टीवी (ZEE TV), एनडीटीवी (NDTV) वालों के और अन्य विभिन्न पत्र-पत्रिकाओं के रिपोर्टरों ने मेरा साक्षात्कार लिया। हमें तो यहाँ अखबार पढ़ने को नहीं मिल रहे हैं, इसलिए तुम वहाँ जरूर देखना। (स्टेट्समैन, आउटलुक पत्रिका, इंडियन एक्सप्रेस, दैनिक जागरण, इंडिया टुडे पत्रिका—27 जून और उसके आगे के)। शेष ठीक है।

अगले ऑपरेशन के लिए तैयारी पूरी हो गई है। फिर नीचे कब आएँगे, कुछ कह नहीं सकते। एक अच्छी खबर है, हमारी बटालियन, जो शाहजहाँपुर जानेवाली थी, अब उसकी बजाय ग्वालियर जाएगी; लेकिन कब जाएगी, यह अभी निश्चित नहीं है। शायद, यहाँ सबकुछ सामान्य होने के बाद और उसमें अभी 2-3 महीने लग सकते हैं। मोनी और जीजाजी को मेरा नमस्ते और सन्नी व मीना को हाय कहना। अपना खयाल रखना।

जवाब देना।

तुम्हारा भाई, लव

प्रिय कुश,

हाय! कैसे हो?

कल ही तुम्हारा स्नेहभरा पत्र मिला। मैं यहाँ बहुत ऊँचाई पर बैठा हूँ और अपने मिशन के लिए तैयार हूँ। आज हो सकता है, हमें निकलना पड़े। दो कंपनियाँ पहले से ऊपर हैं और वे घमासान लड़ाई कर रही हैं। वे अपने लक्ष्य के बिल्कुल करीब हैं।

मैंने दो दिन पहले मणि के पते पर तुम्हें एक पत्र और लिखा था। जब तक यह पत्र तुम्हें मिलेगा, उससे पहले ही तुम उसे पढ़ चुके होगे। 2 जुलाई को मेरा फोटो स्टार टीवी पर आया था और 2 जुलाई के ही 'द टाइम्स ऑफ इंडिया' अखबार में अन्य सदस्यों के साथ मेरी फोटो मुखपृष्ठ पर छपी थी। तुमने शायद देखा हो और मुझे पहचान भी लिया हो। तुमने यहाँ की स्थिति के बारे में पूछा है, तो मैं तुम्हें बता दूँ कि अब स्थिति में सुधार हो रहा है, लेकिन अभी कुछ कहा नहीं जा सकता कि कितना समय लगेगा। हमारी फौज यहाँ बहुत अच्छा कर रही है और दुश्मनों को जबरदस्त टक्कर दे रही है।

अरे यार! टेंशन मत लो। बस ईमानदारी और मेहनत से अपने काम में लगे रहो। भगवान की नजर सब पर है, वह तुम्हें तुम्हारी मेहनत का फल जरूर देगा, तुम्हारे पास वे सारी संभावनाएँ हैं, जो तुम्हें ऊँचाई पर ले जानेवाली हैं, मुझे लगता है, तुम जिदंगी में बहुत ऊपर जाओगे। शेष ठीक है।

जीजाजी और मोनी को मेरा नमस्ते तथा मीना व दीपिका को हाय कहना। अपना खयाल रखना।

जवाब देना

तुम्हारा भाई, लव

भारतीय सेना की टुकड़ियाँ जिस तरह बिना रुके तेजी से आगे बढ़ती जा रही थीं, उससे यही लग रहा था, जैसे कोई दैवी शक्ति उसकी मदद कर रही थी। सुबह होने से पहले उन्होंने दुश्मन की दो और गनों को ध्वस्त कर दिया था। यह काम बहुत मुश्किल था।

इस मिशन के लिए निकलते समय विक्रम शायद जान गए थे कि इसमें उनकी जान भी जा सकती है, लेकिन इस तरह वे विचलित होनेवाले नहीं थे। अपनी एके 47 राइफल से लगातार फायरिंग करते हुए वे आगे बढ़ते जा रहे थे। बड़ी निर्भीकता से वे दुश्मन से भिड़ गए। दुश्मन इतने निकट था कि वे अपनी राइफल भी नहीं चला सकते थे। उन्होंने अपनी संगीन निकाली और उससे दुश्मन पर वार कर दिया। वह एक पाकिस्तानी सैनिक के साथ गुत्थम-गुत्था हो गए और उसकी नाक पर जोरदार घूँसा मारकर उसे नीचे पटक दिया तथा उसकी संगीन से उसी पर वार कर दिया। तभी पीछे से एक अन्य घुसपैठिए ने उन पर हमला कर दिया। विक्रम ने उसे भी गिराकर संगीन उसके पेट में घोंप दी। चट्टान के उभरे हुए भाग से मशीनगन की फायरिंग हो रही थी। विक्रम वहाँ पहुँच गए और देखा कि दो सैनिक अपनी बंदूकों में गोली भर रहे थे और एक सैनिक फायरिंग कर रहा था। पाकिस्तानी सेना का एक जूनियर ऑफिसर उनकी देख-रेख में था। विक्रम कूदकर अंदर पहुँच गए और अकेले ही उन पाँचों को मार गिराया, लेकिन तभी उन पर बहुत पास से गोली चलाई गई।

हमले की भयानकता से घबराकर पाकिस्तानी सैनिक भाग खड़े हुए। भारतीय जवानों का हौसला बुलंद था कि कैप्टन विक्रम बत्रा के बलिदान ने हमारी सेना के लिए सफलता का रास्ता तैयार कर दिया था और प्वॉइंट 4875 पर भारत की स्थिति मजबूत हो गई थी।

❑

शहादत

(देश की सुरक्षा, देश का सम्मान और देश का हित हमेशा सबसे पहले आता है। उसके बाद उन जवानों का हित, सम्मान आता है, जिनकी कमान आपके पास है। आपकी अपनी सुरक्षा, सुविधा और सम्मान हमेशा सबसे बाद में आता है।)

एक अन्य युवा ऑफिसर अनुज नय्यर के साथ मिलकर विक्रम दुश्मन के जवाबी हमले का कड़ा मुकाबला कर रहे थे। उन्होंने दुश्मन के सारे बंकरों पर कब्जा कर लिया और दुश्मन को पीछे हटने पर विवश कर दिया। 7 जुलाई को मिशन लगभग पूरा होने को था, जब एक अन्य ऑफिसर ले. नवीन अनाबेरू की टाँगें एक विस्फोट में गंभीर रूप से झुलस गईं और उन्हें बचाने के लिए विक्रम अपने बंकर से बाहर निकले। उनकी बटालियन का सूबेदार अनुरोध करने लगा कि विक्रम स्वयं वहाँ न जाएँ, बल्कि उसे जाने दें, लेकिन इस पर विक्रम ने अपनी जानी-पहचानी शैली में जवाब दिया, 'तू बाल-बच्चेदार है, हट जा पीछे।' ले. नवीन अनाबेरू को बचाने के लिए विक्रम आगे बढ़े और उसे खींचकर सुरक्षित स्थान की ओर ले जाने लगे। तभी एक गोली विक्रम के सीने में लग गई। इस प्रकार वे स्वयं शहीद हो गए, लेकिन ले. नवीन की जान बचाने में वे कामयाब हो गए थे। गौरव सावंत ने अपनी पुस्तक 'डेटलाइन कारगिल' में लिखा है, 'विक्रम बत्रा ने चोटी

अपने गौरव और असाधारण साहस से विक्रम बत्रा आनेवाली पीढ़ियों को प्रेरित करते रहेंगे।

को सुरक्षित करने और पाकिस्तानी फायरिंग के कारण आगे बढ़ पाने में अक्षम 17, जाट की बढ़त सुनिश्चित करने में सफलता प्राप्त कर ली थी। कर्नल दिनेश बदौला के मार्गदर्शन में नगा रेजीमेंट की सेकंड बटालियन के जवानों ने ट्विन बंप्स (Twin Bumps) पर कब्जा करने के लिए रात में ही जोरदार हमला करके पाकिस्तानी सैनिकों को वहाँ से उखाड़ दिया। ट्विन बंप्स पर कब्जा होते ही पाकिस्तानियों को हथियार और गोला-बारूद की आपूर्ति बंद हो गई। अब उनके पास पीछे हटने के अलावा और कोई चारा नहीं था।

इसी तरह एक अन्य टी.वी. पत्रकार सृंजॉय चौधरी ने अपनी पुस्तक 'डिस्पेचेज फ्रॉम कारगिल' में लिखा है, 'दुश्मन पर काबिज होने के लिए विक्रम मुश्किल से मुश्किल कदम उठाने को भी तैयार रहते थे और मौत एवं गौरव के बीच अंतर ही कितना होता है। इस बार न प्रशंसा थी, न टी.वी. कैमरे थे; अगर कुछ था तो वे बस कुछ आँसू और घर के लिए लिखा एक पत्र था। दुश्मन ने एक मशीनगन छिपाकर तैनात कर रखी थी, जिससे फायरिंग होने लगी। विक्रम रेंगते हुए वहाँ तक पहुँचे और ग्रेनेड से उसे ध्वस्त कर दिया। दुश्मन के तीन सैनिक बाहर निकले तो विक्रम ने उन तीनों को मार गिराया, लेकिन आग्नेयास्त्र की लड़ाई में वे गंभीर रूप से घायल हो गए। वे पीछे हटने को तैयार नहीं थे; अपने जवानों को दुबारा एकजुट करके उन्होंने हमला कर किया और उसी दौरान उनकी मौत हो गई। 'परमवीर चक्र' के वे सच्चे हकदार थे।

उनके साथी नवीन, जो बच गए थे, बाद में बताने लगे कि 'जय माता

दी' बोलते-बोलते विक्रम ने प्राण छोड़े थे।

8 जुलाई को हमें विक्रम के शहीद होने की खबर मिली। मेरी पत्नी कमल कांता अपने स्कूल से वापस आई तो हमारे पड़ोसियों ने बताया कि दो सैनिक अधिकारी हमारे घर आए थे, लेकिन घर पर कोई नहीं था। किसी अनहोनी की आशंका से उनके मुख से एकदम चीख निकल पड़ी, क्योंकि सैनिक अधिकारी सामान्यतया कुछ बुरी खबर ही लेकर आते हैं। मन ही मन प्रार्थना करते हुए उन्होंने मुझे फोन किया और सारी बात बताई। मैं तुरंत घर पहुँचा और दोनों सैनिक अधिकारियों को देखकर मन में आशंका होने लगी कि शायद विक्रम नहीं रहे। दोनों अधिकारी मुझे कुछ बताते, इससे पहले मैं सीधे अपने पूजाघर में गया और प्रार्थना करने लगा कि बाहर आने पर एक अधिकारी मेरे पास आया और मेरा हाथ अपने हाथ में लेकर कहने लगा, 'बत्रा साहब, विक्रम नहीं रहे।' सुनते ही मैं निढाल होकर गिर पड़ा।

* * *

जिस दिन विक्रम का पार्थिव शरीर घर पर लाया गया, उस दिन हम सभी को असह्य दुःख हो रहा था। आँखों में आँसू लिये मेरी पत्नी ने कहा था, किसी भी माँ-बाप की अपने जवान बेटे का शव देखने की हिम्मत नहीं होती। मेरे बहादुर बेटे ने देश के लिए तीन-तीन चोटियों पर कब्जा किया और अचानक ही हमारे बीच से चला गया। जब भगवान् आपको इतना बड़ा दुःख देता है, तो उसे सहने की हिम्मत भी आपको देता है। गुरु गोविंद सिंह ने अपने चार-चार बेटों को देश के लिए कुरबान कर दिया। शायद इसीलिए भगवान् ने हमें दो बेटे दिए थे—'एक देश के लिए और एक मेरे लिए।'

❑

जीत की कीमत

(जीवन में जीतना सबसे बड़ी बात नहीं है, सबसे बड़ी बात है लड़ना, लड़ते रहना, इसलिए यह जरूरी नहीं कि हर बार जीत ही हो, जरूरी यह है कि हर बार पूरे मन से लड़ा जाए।)

विक्रम की मौत से गुस्साए 13, जम्मू-कश्मीर राइफल्स के जवानों ने दुश्मन का पीछा किया। बटालियन के एक जवान ने टी.वी. पत्रकार गौरव सावंत को बताया था, 'चारों ओर से गोलियाँ चल रही थीं, लेकिन उसकी किसी को चिंता नहीं थी। सबके मन में बस एक ही बात थी—कैप्टन विक्रम बत्रा की मौत का बदला। हमने भागते दुश्मन के सैनिकों का पीछा किया। वे इतने डर गए थे कि उनमें से कुछ तो भागते-भागते ही गिरकर मर गए।

दुश्मन को भगाकर भारतीय जवान वापस लौटकर आए और अपने प्रिय 'शेरशाह' के शव को चारों ओर से घेरकर बैठ गए। उन्हें विश्वास ही नहीं हो रहा था कि जो शेरशाह अभी कुछ देर पहले तक डायनमो की तरह उन्हें ऊर्जा दे रहा था, वह उनके सामने मृत पड़ा है।

8 जुलाई, 1999 की सुबह तक भारत ने प्वॉइंट 4875 पर कब्जा कर लिया था, लेकिन कैप्टन विक्रम बत्रा को खोना पड़ा था।

प्वॉइंट 4875 पर हमारा कब्जा हो जाने से लद्दाख से संपर्क जोड़ा जा

सका और श्रीनगर-लेह राजमार्ग पर अब वाहन आ-जा सकते थे।

17, जाट रेजीमेंट के कैप्टन अनुज नय्यर ऑपरेशन के लिए जाते समय अपनी घड़ी और हीरे की अँगूठी विक्रम के पास छोड़ गए थे, जिसे वापस लेने के लिए वे कभी लौटकर नहीं आए। चौथे बंकर को दुश्मन से खाली कराने की लड़ाई में वे भी शहीद हो गए थे।

भारत ने लड़ाई जीत ली, लेकिन इसमें हमारी सेना के 524 बहादुर जवान मारे गए और 1363 गंभीर रूप से घायल हो गए। इस जीत का पूरा-पूरा श्रेय हमारे युवा सैन्य अधिकारियों की देशभक्ति को जाता है। बड़ी उपलब्धि हमेशा बड़े बलिदान से ही आती है।

प्वॉइंट 4875 का नाम बदलकर अब 'कैप्टन बत्रा चोटी' कर दिया गया है और द्रास के ट्रांजिट कैंप, जहाँ हमारे जवान रुककर विश्राम करते हैं, का नाम 'कैप्टन बत्रा टांजिट कैंप' कर दिया गया है। कैप्टन अनुज नय्यर को दूसरे सर्वोच्च वीरता पुरस्कार 'महावीर चक्र' से सम्मानित किया गया। लड़ाई में अत्यंत विपरीत परिस्थितियों में उच्चकोटि के नेतृत्व प्रदर्शन के लिए विक्रम को मरणोपरांत सर्वोच्च वीरता पुरस्कार 'परमवीर चक्र' से सम्मानित किया गया।

अपनी बहादुरी और देशभक्ति से विक्रम ने तोलोलिंग रिज और मुश्कोह घाटी पर कब्जा करके 13, जम्मू-कश्मीर राइफल्स को एक बड़ा गौरव दिलाया।

विक्रम की बटालियन द्वारा जीती गई चोटियों के नाम हैं :

1. हंप और रॉकी नॉब
2. प्वॉइंट 5140
3. प्वॉइंट 4875
4. एरिया लेज

❑

देश का नमन

(कर्तव्य कोई भी हो, वह पवित्र होता है और कर्तव्य के प्रति समर्पण ही ईश्वर की सबसे बड़ी पूजा है। दूसरों की मदद करके आप स्वर्ग की अनुभूति कर सकते हैं और स्वार्थी बनकर आप नरक की अनुभूति कर सकते हैं।)

हमें कितना दुःख था, इसका अंदाजा नहीं लगाया जा सकता था। दुनिया के लिए वे एक हीरो, एक जाँबाज सैनिक और कारगिल विजय में योगदान देनेवाले एक होनहार ऑफिसर तथा सच्चे देशभक्त थे; लेकिन हमारे लिए तो वे हमारा प्यारा-दुलारा बेटा और 24 साल के एक नन्हे-से फरिश्ते थे। हमने उनकी शादी, उनके परिवार और उनके भविष्य के लिए कैसे-कैसे सपने सजाए थे। हम यहाँ उम्मीद लगाए बैठे थे कि वे लड़ाई जीतकर वापस आएँगे तो हम सब मिलकर उनकी उपलब्धियों पर जश्न मनाएँगे। हम उनसे उनके मिशन के बारे में पूछेंगे, उनके वीरतापूर्ण कार्यों की कहानियाँ सुनेंगे और वे हमें बताएँगे कि किस प्रकार वह ऑपरेशन पर गए और वहाँ किस तरह हम सबको मिस किया। हमने विक्रम के सारे पत्र सँभालकर रखे थे और यही सोच-सोचकर मन को तसल्ली दे रहे थे कि कुछ समय की तो बात है, उसके बाद हम सब उनका पत्र रिसीव करने की बजाय उनको ही रिसीव करेंगे। हम सोच रहे थे कि वे लड़ाई से सुरक्षित वापस लौटकर हमारी बाँहों में आएँगे; लेकिन यहाँ उनकी जगह पर उनका पार्थिव शरीर आया और हमारे कान उनकी मधुर आवाज सुनने और हमारी आँखें उनकी चमकती आँखों को देखने के लिए तरसती ही रह गईं।

पूर सैनिक सम्मान के साथ विक्रम का अंतिम संस्कार किया गया। उनका पार्थिव शरीर सिटी ग्राउंड में रखा गया था। राज्य सरकार के कई गण्यमान्य व्यक्ति, सेवा प्रमुखों के प्रतिनिधि और यूनिट कमांडर वहाँ उपस्थित थे। लगभग 20 हजार लोग शहीद आत्मा को श्रद्धांजलि देने के लिए उपस्थित थे। जिस ग्राउंड में उनका पार्थिव शरीर अंतिम दर्शनों के लिए रखा गया था, उसका नाम बदलकर कैप्टन विक्रम बत्रा स्टेडियम रख दिया गया।

विक्रम ने देश के लिए अपने सपनों, अपनी इच्छाओं और अपनी खुशियों को त्याग दिया था।

पूरा पालमपुर 'विक्रम बत्रा अमर रहें' की ध्वनि से गूँज रहा था। छोटे भाई विशाल ने उनकी चिता को आग लगाई और सेना के वादकों ने 'द लास्ट पोस्ट' की धुन बजाई। विक्रम के सम्मान में उस दिन सारा पालमपुर बंद पड़ा था।

सेना प्रमुख जनरल वी.पी. मलिक ने हमसे मुलाकात की और कहा, 'यह लड़का अगर कारगिल से सकुशल आता तो रिटायरमेंट के समय तक यह मेरी सीट पर होता।' यह हमारे उस बहादुर बेटे के लिए कितने गौरव की बात थी।

दो दिन पहले ही तो विक्रम ने अपने छोटे भाई को पत्र लिखा था :

(टेंशन मत लो। बस ईमानदारी से अपने काम में लगे रहो। जीवन जैसा है, उसे उसी रूप में स्वीकार करो। तुम्हें लगेगा कि तुम दुनिया के सबसे खुश आदमी हो।)

विक्रम हमारे बीच फिर कभी न वापस आने के लिए चले गए और अपने पीछे छोड़ गए दुःख के आँसू, कुछ अधूरे सपने, टूटे हुए दिल, एक खोया प्यार, एक शोक संतप्त और टूट चुका परिवार, जो खुद को मजबूत बनाने की कोशिश कर रहा है। उदास, किंतु बहादुर माता-पिता एक दुःखी, किंतु गर्व महसूस करता भाई, सँजोकर रखे कुछ पत्र, कुछ अनमोल स्मृतियाँ, एक महान बलिदान, एक नाम, जो सदा-सदा के लिए अमर हो गया और भारत को गौरवशाली जीत दिलानेवाले एक बहादुर सैन्य अधिकारी की वीरता की कहानी।

अपनी पुस्तक 'परमवीर : ऑवर हीरोज इन बैटल' में मेजर जनरल इयान कार्डोजी ने लिखा है—

कारगिल की लड़ाई एक ऐसी लड़ाई थी, जिसमें सेना के युवा अधिकारियों की मुख्य भूमिका रही। इससे पहले किसी भी लड़ाई में युवा अधिकारियों की इतनी बड़ी भूमिका नहीं देखी गई। इन युवा अधिकारियों में कुछ तो ऐसे रहे, जिनके कार्यों का कोई रिकॉर्ड न होने के कारण उनके बारे में कोई जान ही नहीं पाया, लेकिन उन्हीं में से एक युवा अधिकारी कैप्टन विक्रम बत्रा रहे, जो मीडिया के जरिए आम जनता में सबसे ज्यादा छाए रहे। जिस साहस, बहादुरी और देशभक्ति से उन्होंने एक के बाद एक कई मिशनों को अंजाम दिया, उससे हर कोई अचंभे में था। वे अदम्य और अजेय थे, लेकिन जब भी वे नई चुनौतियों और खतरों का सामना करने के लिए निकलते थे, उस समय हर कोई उनकी सुरक्षित वापसी के लिए दुआ-प्रार्थना करता था।

❑

एक सैनिक की प्रेम कहानी

विक्रम स्वभाव से हँसमुख थे और उनका व्यक्तित्व भी बहुत आकर्षक था। जो कोई भी उनके संपर्क में आता था, उनसे प्रभावित हुए बिना नहीं रह पाता था। उस लड़की से उनकी मुलाकात चंडीगढ़ में हुई थी, जिससे वह शादी करनेवाले थे।

पंजाब विश्वविद्यालय में अंग्रेजी विभाग (सायंकालीन सत्र) में उनकी मुलाकात डिंपल से हुई थी, जिससे वे प्रेम करने लगे थे। उस लड़की के बारे में विक्रम ने जब हमसे बताया तो हमने उनसे पूछा कि क्या वे सचमुच उससे प्रेम करते हैं। इस पर विक्रम ने बताया कि वे इस संबंध को लेकर गंभीर हैं और उससे शादी भी करना चाहते हैं।

चंडीगढ़ में विक्रम और डिंपल ने दो साल साथ-साथ रहकर बिताए थे। जैसे-जैसे विक्रम का अकादमी में जाने का समय नजदीक आता गया, वैसे-वैसे दोनों के बीच संबंध और प्रगाढ़ होते गए। अकादमी ज्वॉइन करने से पहले विक्रम ने डिंपल की मुलाकात अपने भाई विशाल से कराते हुए कहा था कि जब भी वह चंडीगढ़ आए, विशाल से मिलकर जाए। सेना में विक्रम की नियुक्ति को लेकर डिंपल भी बहुत उत्साहित थी। दोनों उस दिन का बेसब्री से इंतजार कर रहे थे, जब विक्रम कैप्टन की वर्दी में सबके सामने होते। विक्रम की शहादत से पाँच दिन पहले विशाल चंडीगढ़ में ही था। डिंपल उससे मिलने स्टेशन पर आई थी। उस समय उसने विशाल से कुछ कहा था कि इस बार जब विक्रम लड़ाई से लौटकर घर आएगा, तो दोनों शादी कर लेंगे।

म्हाऊ (मध्यप्रदेश) में अपनी ट्रेनिंग पूरी करने के बाद सोपोर जाते समय एक बार विक्रम पालमपुर आए थे। उन्हें अचानक अपना ब्रीफकेस तैयार करके चंडीगढ़ के लिए रवाना होते देखकर मैंने आश्चर्य में उनसे इस तरह अचानक जाने का कारण पूछा। इस पर विक्रम ने बताया कि डिंपल का टेलीफोन आया था और उसके मम्मी-पापा उसकी शादी किसी और लड़के से करने जा रहे हैं। इस पर मैंने विक्रम से कहा कि अगर वे ऐसा करना ही चाहते हैं और उन्हें ठीक लग रहा है तो करने दो। विक्रम ने तुरंत जवाब दिया था, 'पापा, ऐसा कैसे हो सकता है? आखिर हम दो साल तक एक-दूसरे के साथ रहे हैं और हमने एक-दूसरे के प्रति वफादारी भी निभाई है।' मैंने दुबारा पूछा, 'तो तुम दोनों ने पक्का इरादा कर लिया है?' इस पर विक्रम का जवाब था, 'बिल्कुल पापा!' तब मैंने कहा, 'तो फिर ठीक है, तुम जाओ।' जो लड़का अपने देशप्रेम की खातिर शहीद होकर देश का हीरो बन गया, वह अपने निजी जीवन में अपने प्रेम के लिए भी उतना ही प्रतिबद्ध था।

विक्रम चंडीगढ़ गए और एक दिन में लौट आए। लड़की के प्रति विक्रम की वफादारी को देखकर मैं बहुत खुश हुआ था।

विक्रम की मौत की खबर मिलने पर विशाल इतना टूट गया था कि वह डिंपल से बात करने की हिम्मत नहीं जुटा पा रहा था। अंतिम संस्कार के समय वह अपने भाई के साथ आई थी, बहुत रो रही थी। विक्रम ही उसका एकमात्र प्यार था। वह चंडीगढ़ के एक स्कूल में पढ़ाती है; अब उसने विक्रम की यादों के सहारे जीवन बिताने का फैसला कर लिया है। हमने उसे समझाने की बहुत कोशिश की, लेकिन वह कुछ भी मानने को तैयार नहीं है। विक्रम द्वारा भेजे कार्डों और उपहारों को उसने अपने घर में सजाकर रखा है और विक्रम अब भी उसके दिल में बसा है।

❑

युद्ध-विराम

लड़ाई के गंभीर नतीजों से भयभीत होकर पाकिस्तानी प्रधानमंत्री ने भारत को युद्ध-विराम के लिए मनाने के लिए अमेरिका से हस्तक्षेप करने का अनुरोध किया।

द्रास सब-सेक्टर से पाकिस्तानी फौजों के हटते ही 26 जुलाई, 1999 को लड़ाई रोक दी गई, तभी से 26 जुलाई को भारत में 'कारगिल विजय

कारगिल युद्ध में जीत के बाद 'ब्रेवेस्ट ऑफ द ब्रेव' अवार्ड प्राप्त करती विक्रम की बटालियन

दिवस' के रूप में मनाया जाता है।

युद्ध-विराम के महीनों बाद जब लखनऊ में तैनात 13, जम्मू-कश्मीर राइफल्स झंडा रोहण दिवस मना रही थी, उस समय हमें समारोह में आमंत्रित किया गया था। यूनिट ने कारगिल की लड़ाई में अपनी जीत और उपलब्धि को बड़ी धूमधाम से मनाया था। यूनिट को दो-दो 'परमवीर चक्र' प्राप्त करने का गौरव हासिल है—एक कैप्टन विक्रम बत्रा के नाम से और दूसरा राइफलमैन संजय कुमार के नाम से। सेना प्रमुख जनरल वी.पी. मलिक ने यूनिट को 'ब्रेवेस्ट ऑफ द ब्रेव' सम्मान से सम्मानित किया था।

बड़ा शानदार समारोह था, जिसमें डिनर के दौरान यूनिट का सेवारत और सेवानिवृत्त स्टॉफ झूमने लगा था। मुझे भी डांस फ्लोर पर बुलाया गया। उस दिन मन में दो विरोधाभासी भाव एक साथ उठ रहे थे, एक ओर जवान बेटे को खोने का दर्द और दूसरी ओर देश के सम्मान की रक्षा और लड़ाई में उसकी जीत सुनिश्चित करानेवाले एक सैन्य अधिकारी का बाप होने का गर्व। उस रात आँखों में आँसू लिये मैंने भी सबके साथ डांस किया था।

❑

सर्वोच्च सम्मान

नई दिल्ली स्थित राजपथ पर 26 जनवरी, 2000 को भारत अपना 51वाँ गणतंत्र दिवस समारोह मना रहा था। हमें कैप्टन विक्रम बत्रा की ओर से (मरणोपरांत) 'परमवीर चक्र' प्राप्त करने के लिए आमंत्रित किया गया था। आज भी वह दिन मुझे याद है, जब अपने बेटे कैप्टन विक्रम बत्रा की ओर से

26 जनवरी, 2000 को भारत के तत्कालीन राष्ट्रपति के.आर. नारायणन से विक्रम की ओर से 'परमवीर चक्र' प्राप्त करते उनके पिता गिरधारी लाल बत्रा

मैंने तत्कालीन राष्ट्रपति के.आर. नारायणन के हाथों से 'परमवीर चक्र' प्राप्त किया था; उस समय मंच पर भारत के तत्कालीन प्रधानमंत्री, अटल बिहारी वाजपेयी, जांबिया के राष्ट्रपति और भारत के उपराष्ट्रपति भी उपस्थित थे। मेरे लिए परम गौरव का क्षण था वह। समारोह से लौटते समय रास्ते में मैं खुद का रोक न सका और फूट पड़ा—देश का सर्वोच्च वीरता का यही पुरस्कार अगर विक्रम खुद अपने हाथों से प्राप्त करता, तो उसका सपना साकार हो जाता, लेकिन नियति को कुछ और ही मंजूर था।

❑

प्रशस्ति

(कैप्टन विक्रम बत्रा 'परमवीर चक्र' (मरणोपरांत)
13, जम्मू-कश्मीर राइफल्स (आई सी 57556))

'ऑपरेशन विजय' के दौरान, 20 जून, 1999 को डेल्टा कंपनी के कमांडर कैप्टन विक्रम बत्रा को प्वॉइंट 5140 पर हमला करने की जिम्मेदारी सौंपी गई। अपनी कंपनी को लेकर कैप्टन बत्रा ने पहाड़ी के चारों और घेरा डाल दिया और दुश्मन पर हमला करने के लिए तैयार हो गए। सामने की ओर से अपने जवानों का नेतृत्व करते हुए दुश्मन के साथ आमने-सामने की लड़ाई में उन्होंने दुश्मन के चार सैनिकों को मार गिराया। 7 जुलाई, 1999 को प्वॉइंट 4875 के क्षेत्र में एक अन्य ऑपरेशन में उनकी कंपनी को एक सँकरी घाटी से दुश्मन को भगाने का काम सौंपा गया था; घाटी तक पहुँचने का एक ही रास्ता था और उस पर दुश्मन ने अपनी पोजीशन ले रखी थी। दुश्मन को हतप्रभ करने के लिए कैप्टन बत्रा ने एक सँकरे टीले की आड़ से दुश्मन पर हमला किया और उसके पाँच सैनिकों को मौत के घाट उतार दिया। स्वयं गंभीर रूप से जख्मी होने पर भी वे धीरे-धीरे रेंगते हुए दुश्मन की ओर बढ़े और अपनी सुरक्षा की परवाह किए बिना ग्रेनेड से दुश्मन की पोजीशन पर हमला करने लगे। सामने की ओर से अपने जवानों का नेतृत्व करते हुए वे दुश्मन पर पिल पड़े और लगभग असंभव से दिखाई देनेवाले लक्ष्य के करीब पहुँच गए, लेकिन अंत में उन्होंने दम तोड़ दिया।

उनकी मौत का बदला लेने के लिए उनके जवानों ने दुश्मन पर जबरदस्त हमला किया और अंततः प्वॉइंट 4875 पर कब्जा कर लिया।

इस प्रकार कैप्टन विक्रम बत्रा ने लड़ाई में दुश्मन के सामने उच्च कोटि की वीरता और नेतृत्व कौशल का प्रदर्शन करते हुए सर्वोच्च बलिदान दिया।

विक्रम बत्रा : पुरस्कार एवं सम्मान

सैनिक सम्मान

- परमवीर चक्र
- रेजीमेंट ऑनर
- बैज ऑफ सेक्रिफाइस
- सर्टीफिकेट ऑफ ऑनर
- स्पेशल सर्विस मेडल
- ऑपरेशन विजय मेडल

असैनिक पुरस्कार

- वीर सावरकर शौर्य अवार्ड (नेशनल लेवल, महाराष्ट्र)
- आर.एस.एस. अवार्ड
- हिमोत्कर्ष नेशनल इंटेग्रेशन अवार्ड (स्टेट लेवल, हिमाचल प्रदेश)
- हिमाचल केसरी अवार्ड (स्टेट लेवल, हिमाचल प्रदेश)
- शौर्य पुरस्कार डी.ए.वी. कॉलेजेज मैनेजमेंट कमेटी
- मध्यप्रदेश प्राइड अवार्ड (स्पेशल अवार्ड)

❑

स्मृतियों में...

विक्रम : माँ की स्मृतियों में

'विक्रम' नाम ही वीरता और पराक्रम का द्योतक है। दो बेटियों के बाद जुड़वाँ बेटों के जन्म से हमारी खुशी का ठिकाना नहीं था। हम भगवान् से एक बेटे के लिए प्रार्थना करते रहते थे; लेकिन आज मेरी समझ में आया कि उसने हमें दो बेटे क्यों दिए—एक बेटा देश के लिए और एक हमारे लिए। भगवान् राम में गहरी श्रद्धा के नाते मैंने अपने जुड़वाँ बेटों का नाम लव और कुश रखा। बाद में स्कूल में दाखिला कराते समय लव का नाम विक्रम और कुश का नाम विशाल लिखवाया गया। संस्कृत भाषा में विक्रम शब्द का अर्थ होता है पराक्रम और अपने नाम के अनुरूप ही विक्रम वीरता और पराक्रम की साक्षात् प्रतिमूर्ति थे।

विक्रम स्वभाव से सरल, हँसमुख और मृदुभाषी थे। वे बहुत आसानी से सबके साथ घुल-मिल जाते थे। शारीरिक सामर्थ्य और खेल-कूद में भी वे उतने ही योग्य थे। खेल-कूद और सांस्कृतिक गतिविधियों में वे बढ़-चढ़कर हिस्सा लेते थे। पढ़ाई में भी वे अच्छे थे; प्राथमिक कक्षाओं में गणित के सवालों के उत्तर उन्हें जबानी याद थे। वह बड़ों का आदर करनेवाले और छोटों के प्रति स्नेह रखनेवाले थे। मेरी एक सहकर्मी ने विक्रम के बारे में एक बार मुझसे कहा था, 'मैडम बत्रा, आपका बेटा एक दिन बड़ा नाम कमाएगा;' लेकिन इतना बड़ा नाम कमाएगा, ऐसा उस समय हमने नहीं सोचा था।

बचपन से ही विक्रम निर्भीक और साहसी थे। एक बार हमारे कॉरीडोर

में एक साँप रेंगते हुए आ गया था; उसे देखकर मैं डर गई, मैंने तुरंत विक्रम को आवाज दी। मेरी चीख सुनकर विक्रम अपने कमरे से भागकर आए और एक डंडे से साँप का सिर कुचल दिया। संकट के समय लोग प्राय: घबरा जाते हैं, लेकिन मेरा विक्रम नहीं घबराता था।

एक बार वे सोपोर में तैनात थे, तो उनकी मुठभेड़ आतंकी लड़ाकों से हो गई; दोनों ओर से जबरदस्त फायरिंग हो रही थी। एक गोली विक्रम के बिल्कुल पास से होकर आगे निकल गई और वे बाल-बाल बच गए। बाद में पालमपुर अपने घर इसके बारे में उन्होंने अपनी बहन को बताया था, 'दीदी, शायद वह गोली मेरे लिए नहीं थी। हो सकता है, कोई और गोली हो, जिस पर मेरा नाम लिखा हो।'

जब वह द्रास में थे, तो बेस कैंप से एक बार हमसे फोन पर बात की थी। मैंने उनसे उनकी सलामती के बारे में पूछा, तो वे ठहाका लगाते हुए बोले, 'छक्के ठोंक रहे हैं।' जैसे वे लड़ाई के मैदान में नहीं बल्कि क्रिकेट के मैदान में हों। मैंने पूछा, 'कोई खतरा तो नहीं है ?' इस पर उनका जवाब था, 'खतरा कैसा ? आपका बेटा शेर है, शेर। वह खतरे से डरने के लिए नहीं पैदा हुआ है। अगर दुश्मन की गोली मेरी ओर आएगी तो उसे पीठ पर रोकने की बजाय अपने सीने पर रोक लूँगा।' इतना निर्भीक था मेरा बेटा।

एक माँ होने के नाते यह मेरे लिए एक अपूरणीय क्षति है, लेकिन साथ ही एक ऐसे बेटे की माँ होने के लिए मैं स्वयं को गौरवान्वित भी महसूस करती हूँ, जो अपने कर्तव्य पथ से तनिक भी विचलित नहीं हुआ और अपनी मातृभूमि की अखंडता की रक्षा के लिए अपना जीवन उत्सर्ग कर दिया। मेरी कोख से जन्म लेकर विक्रम ने मेरे मातृत्व को धन्य कर दिया।

—कमल कांता बत्रा

❑

गौरवान्वित पिता की स्मृतियों में

वेदांत दर्शन के अनुसार, आत्मा पूर्णता में विलीन होने के लिए भागती रहती है, लेकिन मेरा बेटा तो इतनी तेजी से भागा कि हम सबसे आगे निकल गया। वह शीघ्रातिशीघ्र लक्ष्य तक पहुँचने की जल्दी में था। युवावस्था में अपना जीवन उत्सर्ग करना और मातृभूमि की रक्षा करते हुए शहादत हासिल करना, इससे बड़ा मानवीय बलिदान और कुछ नहीं हो सकता। अपने देश और देशवासियों तथा समस्त मानवजाति के प्रति प्रेम शहीदों में पाया जानेवाला ईश्वरीय गुण होता है।

शास्त्रों में कहा गया है कि मनुष्य के जीवन का सबसे बड़ा उद्देश्य होता है—निर्वाण या मोक्ष प्राप्त करना। श्रीमद्भगवद्गीता में भगवान् श्रीकृष्ण ने कहा है कि धर्म और सत्य की स्थापना के लिए जो मनुष्य लड़ाई के मैदान में अपना जीवन उत्सर्ग करता है, वह सीधे मेरे पास आता है और मोक्ष को प्राप्त होता है।

हतो वा प्रात्स्यसि स्वर्गं जित्वा वा मोक्ष्यसे महीन
तस्मादुत्तिष्ठ कौन्तेय युद्धाय कृत निश्चयः॥

अर्थात् धर्म के लिए लड़ते हुए यदि तुम मार दिए जाते हो, तो स्वर्ग प्राप्त करोगे और यदि युद्ध में जीत गए तो पृथ्वी का भोग करोगे। इसलिए, हे कुंतीपुत्र अर्जुन, उठो और युद्ध के लिए तैयार हो जाओ।

इस तरह अपने प्राण उत्सर्ग करनेवाले मनुष्य एक तरह से ईश्वरीय अवतार होते हैं, जो सदैव सर्वोच्च बलिदान के लिए तैयार रहते हैं। मातृभूमि

और उसके लोगों के लिए अपने प्राण न्योछावर करने से बढ़कर देशसेवा और क्या हो सकती है ?

यदृच्छया चोपन्नं स्वर्गद्वारमपावृत्तम।
सुखिनः क्षत्रियाः पार्थ लभन्ते युद्धमीदृशं ॥

अर्थात् हे पार्थ! वे क्षत्रिय धन्य हैं, जिन्हें स्वर्ग का द्वार खोलनेवाले इस तरह के युद्ध में लड़ने का अवतार प्राप्त होता है।

विक्रम जैसे लोग न पैदा होते हैं न मरते हैं; वे दुनिया में आते हैं और अपना उद्देश्य पूरा करके चले जाते हैं। वे शाश्वत प्रकाश देनेवाले प्रकाश-पुंज की तरह आते हैं और अपना प्रकाश बिखराकर अदृश्य हो जाते हैं तथा अपने पीछे अपनी सुखद स्मृतियों और पद्चिह्नों की छाप छोड़ जाते हैं।

एक पिता के साथ-साथ मैंने एक शिक्षक के रूप में भी विक्रम को देखा-परखा था और वे मुझे बिल्कुल अलग से दिखाई दिए। बचपन से ही उनके चेहरे पर एक अलग सी चमक थी। कुछ असाधारण कर दिखाने के लक्षण उनके अंदर बचपन से ही विद्यमान थे। एक सपूत के रूप में अपनी सार्थकता सिद्ध करके उन्होंने हमें धन्य कर दिया। हमारी स्मृतियों में वह हमेशा हमारे साथ रहेंगे।

उस सच्चे सपूत को कोटि-कोटि नमन!

—जी.एल. बत्रा

❑

भ्रातृ-स्नेह : जन्म-जन्म का बंधन

हमारी यात्रा हिमाचल प्रदेश में काँगड़ा जिले की धौलाधर श्रेणी में स्थित पालमपुर नामक छोटे से कस्बे से शुरू हुई थी।

लव यानी विक्रम और कुश यानी मैं, दोनों जुड़वाँ भाई थे (मैं 14 मिनट छोटा था) और हमारा जीवन हँसी-खुशी से भरपूर था। उसके बाद हमने भारतीय सेना में जाने का फैसला किया।

समय कितनी जल्दी-जल्दी भागता है और हमें जीवन में वह सब कुछ नहीं मिल पाता है, जिसकी हमें चाह होती है। लव भारतीय सैन्य अकादमी में पहुँच गया और तीन बार सेवा चयन बोर्ड से रिजेक्ट किए जाने के बाद मैंने मैंनेजमेंट में अपना कॅरियर बनाकर संतोष कर लिया।

वार्षिक छुट्टी में घर आए विक्रम को यूनीफार्म में देखकर मैंने महसूस किया कि सेना में जाने का मेरा जज्बा अब भी कम नहीं हुआ है। अपने भाई को जीवन में इतनी तेजी से आगे बढ़ते देखकर मुझे कितना गर्व महसूस होता था।

13, जम्मू-कश्मीर राइफल्स में कमीशन प्राप्त करने के बाद विक्रम की पहली पोस्टिंग सोपोर में हुई थी, जब घुसपैठियों के खिलाफ ऑपरेशन में उनका दुश्मन के साथ आमने-सामने का मुकाबला पहले ही हो चुका था, हम जान गए थे कि वे दुश्मनों से लड़ने के लिए ही पैदा हुए हैं।

उसी दौरान कारगिल में लड़ाई छिड़ गई और पाकिस्तानी घुसपैठियों को भारतीय सीमा के बाहर खदड़ने के अभियान में उन्हें मदद के लिए बुलाया गया।

मोर्चे पर जाने के साथ विक्रम के द्वारा मॉम और डैड को की गई आखिरी कॉल से हमें कुछ झटका तो लगा था, लेकिन हम जानते थे कि वे एक साहसी अधिकारी हैं और बड़ी से बड़ी चुनौती भी उसके लिए कुछ नहीं है।

कारगिल के लिए रवाना होने से पहले विक्रम ने हमारे एक दोस्त से कहा था कि 'मैं लौटकर आऊँगा, या तो तिरंगे को लहराकर, नहीं तो खुद ही उसी तिरंगे में लिपटकर।' उनकी यह बात आज भी हमारे दिलों में ताजा बनी हुई है।

सत्रह वर्ष का समय बीत चुका है। तब से लेकर अब तक बहुत सारी चीजें बदल चुकी हैं और बहुत सारी चीजें वैसी की वैसी बनी हुई हैं। मेरे बाल कई जगह सफेद हो चले हैं, लेकिन विक्रम पहले जैसे जवान बने हुए हैं। समय उन्हें छू भी नहीं सकता। इतने वर्षों में शायद ही कोई दिन ऐसा बीता होगा, जब हमारे परिवार में विक्रम को याद न किया गया हो।

पुरानी यादों में दिल को छू जानेवाली एक याद वर्ष 1985 की है, जब दूरदर्शन पर 'परमवीर चक्र' सीरियल आया करता था। उस समय हमारे पास टी.वी. नहीं था; यहाँ सीरियल देखने के लिए हम पड़ोसी के घर में जाया करते थे। उस समय सपने में भी मैंने नहीं सोचा था कि इस सीरियल में जो कहानी आज हम देख रहे हैं, वह हमारे लिए इतनी यथार्थ बन जाएगी। विक्रम ने लाखों भारतीयों के दिलों में अपनी जगह बना ली है।

कई बार अनजाने-अपरिचित लोग मुझसे कहने लगते हैं कि आप बिल्कुल विक्रम की तरह दिखते हैं या आपको पहले कहीं देखा है। जब भी लोग मुझे विक्रम से जोड़कर देखते हैं, उस समय मेरा मन गर्व से भर उठता है।

मैं सोचा करता था कि एक दिन जब विक्रम सेना में बिग्रेडियर या उससे भी ऊँचे पद पर पहुँच जाएँगे तो उनके साथ चलते हुए खुद को उनके भाई के रूप में देखने में मुझे कितना गर्व महसूस होगा। आज वे हमारे बीच नहीं हैं, लेकिन मैं बता नहीं सकता कि कितनी बार उन्होंने मुझे गौरवान्वित किया है। एक बार लंदन में एक होटल के रजिस्टर में मैं अपने हस्ताक्षर कर रहा था, तो पास में ही खड़े एक भारतीय ने मुझसे पूछा, 'क्या आप विक्रम बत्रा को

जानते हैं?' इससे बड़ा सम्मान और क्या हो सकता है कि लंदन जैसे सुदूर शहर मैं बैठे लोग भी विक्रम को जानते-पहचानते हैं।

यह सच है कि मृत्यु जीवन का एक परम सत्य है, लेकिन हममें से कितने लोग ऐसे हैं, जो मौत को गले लगाने का साहस रखते हैं? मेरा भाई विक्रम परमवीर यानी वीरों में भी वीर था।

विक्रम को किसी रेजीमेंट के कमांडिंग ऑफिसर के रूप में देखने का मेरा सपना पूरा नहीं हुआ, लेकिन कारगिल और द्रास में तैनात सैनिकों के दिलों की कमान तो उनके हाथ में अब भी है।

लव के बारे में कुछ लिखने की बात आती है तो समझ नहीं पाता हूँ कि कहाँ से शुरू करूँ। हमारा बचपन पालमपुर की पहाड़ियों में एक साथ खेलते, शरारत करते और कई बार एक-दूसरे की शरारतों के लिए सजा पाते हुए बीता था। शक्ल-सूरत और स्वभाव में हम एक जैसे थे, जिसका हम भरपूर फायदा उठाते थे। हमारी रुचियाँ भी एक जैसी थीं। दस वर्ष की उम्र में हम दोनों ने एक साथ टेबल टेनिस खेलना शुरू किया था। यह अलग बात है कि विक्रम आगे निकल गए और पाँच साल तक लगातार स्कूल चैंपियन बने रहे, लेकिन मैं समझता हूँ कि इसमें मेरा भी बड़ा योगदान रहा था, क्योंकि सेमीफाइनल में मैं जानबूझकर उनसे हार गया था, ताकि वे स्कूल रिकॉर्ड बना सकें। वैसे मैं इतना जानता हूँ कि मेरा भाई, कारगिल का शेरशाह, शुरू से ही विजयी रहा था।

दुश्मन भी विक्रम को कारगिल का शेरशाह कहते थे। कारगिल के दुर्गम पहाड़ों पर उन्होंने अपना ऐसा ही प्रभाव स्थापित किया था। मुझे नहीं पता कि कब विक्रम हम सबसे आगे निकल गए। हम सामान्य बच्चों की तरह एक साथ कार्य-व्यवहार करते बड़े हुए थे। जैसा मुझे याद आता है, एक जगह हमारी रुचि अलग थी। डैडी ने जब बस के किराए के लिए हम दोनों को हर महीना 50 रुपए देने शुरू कर दिए तो मैं बस से स्कूल जाने लगा, जबकि विक्रम ने ये पैसे कैंटीन में खर्च करने शुरू कर दिए और स्कूल पैदल ही जाते रहे। बड़े होने पर विक्रम की नियुक्ति सेना में हो गई, जबकि मुझे

अंततः बिजनेस एडमिनिस्ट्रेशन में जाना पड़ा। सचमुच, आई.एम.ए., देहरादून में प्रवेश मिलने पर वे बहुत खुश थे।

6 दिसंबर, 1997 का दिन था, जब विक्रम का सपना सच हुआ। उन्होंने भारतीय सेना के एक ऑफिसर के रूप में शपथ ली। मॉम और डैड ने उनके कंधों पर स्टार लगाए। वे मुस्करा रहे थे, कठोर प्रशिक्षण के बाद उनका वजन दस किलो कम हो गया था, लेकिन विक्रम को पता था कि आगे की जिंदगी इतनी सरल नहीं है।

सालाना छुट्टी में जब वे घर आए थे तो हम घंटों बातें करते रहते थे; उन्होंने बताया था कि किस प्रकार उन्होंने सोपोर में बड़ी-बड़ी चुनौतियों का सामना किया। उनकी नियुक्ति 13, जम्मू-कश्मीर राइफल्स में हुई थी। हम उस दिन का इंतजार कर रहे थे, जब हम एक रेजीमेंट के कमांडर के रूप में देखने के लिए उनके परिवार और बच्चों के साथ किसी रेजीमेंटल समारोह में उपस्थित हों, लेकिन वह सपना अब सपना ही रह गया।

विक्रम को मरणोपरांत देश के सबसे बड़े वीरता पुरस्कार से सम्मानित किया गया था। उस समय वे मात्र 24 वर्ष के थे। उनके शब्द 'ये दिल माँगे मोर' आज भी मेरे कानों में गूँज रहे हैं।

मेरी उन पहाड़ों को देखने की ख्वाहिश थी, जिन पर विक्रम ने विजय पाई थी। वर्षों बाद, विजय दिवस के दस वर्ष पूरे होने के मौके पर आयोजित समारोह में शामिल होने के लिए मुझे एनडीटीवी द्वारा आमंत्रित किया गया, तो मुझे लगा मानो विक्रम खुद मुझे बुला रहे हैं। (हालाँकि 24 जुलाई, 2009 को द्रास में विजय दिवस समारोह में शामिल होने के लिए मैंने डैड के साथ पहले ही टिकट बुक करा रखी थी।) मैं तुरंत अपना बैग तैयार करके चल पड़ा। सुबह साढ़े दस बजे मैं लेह पहुँच गया, विक्रम की दसवीं पुण्यतिथि से पाँच दिन पहले।

पुस्तकों में मैंने घाटी को जितनी सुरम्य देखा था, उससे कहीं ज्यादा सुरम्य लगी। चारों ओर बर्फ से ढकी पहाड़ियों के बीच मुझे ऐसा लग रहा था, मानो विक्रम मेरे आसपास ही कहीं मौजूद हैं और मुझे देख रहे हैं। उनसे

मिलने की कल्पना मन में लिये मैं सड़क मार्ग से द्रास की ओर चल पड़ा। हवाओं की गति हमारी कार की गति से भी तेज थी और मेरे मानस-पटल पर उस समय एक ही छवि थी—दाढ़ीवाले उस नौजवान की, जिसे दुर्गम पहाड़ियों पर दुश्मन को मार भगाने के लिए जाना जाता था। लेह से थोड़ा आगे चलकर हम गुरुद्वारा पाथर साहिब पहुँचे; वहाँ मैंने विक्रम और उन सब महान सैनिकों के लिए प्रार्थना की, जो हमारी मातृभूमि के हिस्से के रूप में उन पहाड़ों की निगरानी में लगे हैं। उस समय अचानक मुझे विक्रम के ये शब्द याद आ गए, जो उन्होंने हमले से पहले अपने अंतिम पत्र में लिखे थे :

(जीवन पूरी तरह से एक जोखिम है। यहाँ कभी भी, कुछ भी हो सकता है। अपना और मॉम-डैड का खयाल रखना··· 'टाइम्स ऑफ इंडिया' में मेरी फोटो छपी थी। उसकी एक प्रति लेकर रख लेना। मैं आऊँगा तो देखूँगा।)

विक्रम की फोटो 'द टाइम्स ऑफ इंडिया' के 2 जुलाई, 1999 के अंक में मुखपृष्ठ पर छपी थी, जिसमें उन्हें पाकिस्तानी सेना के पास से जब्त की गई एक एंटी-एयरक्राफ्ट गन और अन्य हथियारों के साथ खड़ा दिखाया गया था। प्वॉइंट 5140 पर किए गए पहले जबरदस्त हमले के बाद का दृश्य था वह, जो घुमरी बेस कैंप पर उन्होंने 'दुर्गा माता की जय' का उद्घोष करते हुए शुरू किया था।

20 जून, 1999 को विक्रम और उनके जवानों ने प्वॉइंट 5140 पर कब्जा किया था; इसके दो सप्ताह बाद 7 जुलाई को उनकी कंपनी ने प्वॉइंट 4875 पर हमला किया, जिसमें विक्रम गंभीर रूप से घायल हो गए थे। कंपनी ने चोटी पर कब्जा तो कर लिया, लेकिन अपने 11 जवानों को खोने के बाद, उनमें से एक विक्रम थे।

कई महीने बाद वेस्टर्न कमांड हेडक्वार्टर्स में मेरी मुलाकात उस जूनियर कमीशंड ऑफिसर से हुई, जो उस दिन विक्रम के साथ था, जब विक्रम गंभीर रूप से घायल हुए थे। वह, वह व्यक्ति था, जिससे विक्रम ने आखिरी बार बात की थी। मुझे देखकर वे सूबेदार मेजर रघुनाथ सिंह रो पड़े। उन्होंने मुझे मेरे जुड़वाँ भाई की मौत के बारे में बताया। विक्रम का जूनियर घायल

हो गया था और मदद के लिए चिल्ला रहा था। जूनियर कमीशंड, ऑफिसर (जे.सी.ओ.) उसकी मदद के लिए जा रहा था, लेकिन विक्रम ने उसे रोक दिया। रघुनाथ सिंह के अनुसार, ''दुश्मन की ओर से जबरदस्त फायरिंग हो रही थी। 'तुम बाल-बच्चेदार आदमी हो; रहने दो, मैं जा रहा हूँ।' कहते हुए साहब ने मुझे रोक दिया था और स्वयं बाहर निकल गए थे।'' बताते हुए रघुनाथ सिंह लगातार रोए जा रहे थे। दुश्मन ने छिपकर गोली चलाई, जो आकर विक्रम को लगी, और वे घायल हो गए। अपने नेता को गोली लगती देखकर पूरी कंपनी क्रोध में पागल हो गई और इसका बदला लेते हुए, उसने पीछा करके दुश्मन सैनिकों को मौत के घाट उतार दिया। प्वॉइंट 4875, जिसे अब 'कैप्टन बत्रा चोटी' के नाम से जाना जाता है, पर तिरंगा फहराने लगा।

11 जुलाई, 1999 को सुबह सूर्योदय से पहले विक्रम का पार्थिव शरीर पालमपुर लाया गया। तिरंगे से ढका उनका शरीर देखकर ऐसा लग रहा था, जैसे कई दिनों की लड़ाई से थककर वह शांतिपूर्वक सो रहे हैं।

मैं जल्दी से जल्दी उन चोटियों तक पहुँच जाना चाहता था, जहाँ मैं अपने भाई को दुश्मन से लड़ते हुए महसूस कर सकता था, लेकिन रास्ता बहुत दुर्गम था, जिसके एक ओर पहाड़ और दूसरी ओर गहरी खाई थी। थोड़ी ही देर में हम सिंधु नदी से आगे बढ़ गए।

यात्रा बहुत दिलचस्प थी। रास्ते में एक सैनिक चौकी पर रुककर हमने 4, जम्मू-कश्मीर के कमांडिग ऑफिसर के साथ लंच किया। मेरी मुलाकात विक्रम के एक सीनियर ऑफिसर (जो विक्रम से 6 माह सीनियर थे और अब मेजर बन गए थे) और एक जे.सी.ओ. से भी हुई। लड़ाई में वे दोनों विक्रम के साथ थे। 'सर, आप विक्रम की तरह ही दिखते हैं', कहते हुए जे.सी.ओ. ने मुझे चूम लिया था। बीते दस साल में यह बात मैं हजारों बार सुन चुका हूँ। बहुत से लोग मुझे कैप्टन विक्रम बत्रा के भाई के रूप में जानते हैं। मेरे ऑफिस में कई लोग ऐसे आते हैं, जो एकटक मुझे देखते रह जाते हैं, जैसे मुझे पहले से जानते हों। कुछ लोग तो यहाँ तक कहते हैं कि 'मैंने आपको पहले भी कहीं देखा है।' जब मैं उन्हें बताता हूँ कि मैं कैप्टन विक्रम बत्रा

का भाई हूँ तो वे एकदम बोल पड़ते हैं, 'अच्छा, ये दिल माँगे मोर', 'ड्यूटी की पुकार' इन शब्दों का जिक्र आते ही मुझे वे दिन याद आ जाते हैं, जब विक्रम एक ऑफिसर के रूप में नियुक्त होनेवाले थे। जब वे आई.एम.ए. में थे, उस समय अपने लेटरपेड के फुटनोट में उन्होंने लिखा था, 'खुद को साबित करने से पहले अगर मेरे सामने मौत भी आएगी तो मैं उसे मार दूँगा।' विक्रम तुमने अपना वादा पूरा किया। मेरे भाई, तुम्हें मेरा सलाम!

—विशाल बत्रा

❑

बहन की स्मृतियों में...
खिलंदड़ विक्रम

टेबल टेनिस विक्रम और विशाल दोनों जुड़वाँ भाइयों की रगों में था। डैड ने दोनों को निर्देश दिया था कि वे अपने पढ़ने और खेलने के समय को अलग-अलग बाँट लें और उसके अनुसार ही पढ़ाई करें और खेलें। हालाँकि इस अनुशासन पर चलना इतना आसान नहीं था। खेलों में दोनों भाई राष्ट्रीय स्तर पर स्कूल का प्रतिनिधित्व करने का सपना जो देखा करते थे। स्वभाव से विक्रम थोड़ा ज्यादा शरारती और विशाल थोड़ा दब्बू था।

विशाल हमेशा समय से घर आ जाया करता था, जबकि विक्रम रोज देर से आता था और फिर डैडी की नजरों से बचते हुए घर में घुसता था। हमारे कमरे की खिड़की काफी बड़ी थी और घर के मुख्य द्वार के बगल में थी। विक्रम आता और खिड़की पर दस्तक देते हुए धीरे से मुझसे ड्राइंगरूम का दरवाजा खोलने के लिए कहता। मैं इधर-उधर देख लेती कि कहीं डैड देख तो नहीं रहे हैं और फिर धीरे-से दरवाजा खोल देती। वह चुपचाप घर में दाखिल हो जाता और जूते निकालकर सीधे अपने बिस्तर पर चला जाता।

उस दिन मैं अमृतसर में अपने कुछ रिश्तेदारों से मिलकर वापस मंडी स्थित अपने घर पहुँची ही थी। मुझे कारगिल में उसके सैनिक अभियान के बारे में जानकारी नहीं थी। तभी अचानक विक्रम का फोन आया; उसे लगा था कि मुझे कारगिल की खबर के बारे में पता होगा। फोन पर उसने कहा, 'मैं ऊपर जा रहा हूँ। उसका कहने का मतलब था कि वह पहाड़ी पर लड़ाई

के लिए जा रहा था, लेकिन घबराहट में मैं कुछ और ही समझ बैठी और क्षण भर के लिए मेरी साँसें रुक-सी गईं, लेकिन तभी उसने स्पष्ट करते हुए बताया कि उसे पाकिस्तानी घुसपैठियों से लड़ने के लिए कारगिल जाने का आदेश मिला है। मैंने उसे दीर्घायु होने का आशीर्वाद दिया, लेकिन दिल के किसी कोने में उसका यह वाक्य मुझे कचोटता रह गया। मैं बेचैन थी और जब तक लड़ाई चली, तब तक मुझे बराबर चिंता लगी रहती थी।

जब लड़ाई चल रही थी, उस दौरान कोई भी देशभक्ति का गीत सुनकर मैं रो पड़ती थी। जब मुझे उसकी शहादत की खबर मिली, उस समय मेरे पेट में पाँच महीने का बच्चा था। पालमपुर में मॉम और डैड अकेले थे, क्योंकि विशाल और नूतन दोनों उस समय दिल्ली में थे। पालमपुर में उनके पास सबसे पहले मैं ही पहुँची थी। इसी दौरान मेरा गर्भपात भी हो गया, हालाँकि तीन साल बाद मुझे एक लड़का हुआ।

* * *

विक्रम से हमेशा, कुछ न कुछ ऐसा हो जाता था, जिससे हम हमेशा हैरान हो जाते थे। 12 फरवरी, 1997 को हमारी छोटी बहन नूतन की शादी थी; संयोग से 12 फरवरी उसका जन्मदिन भी है। विक्रम को अकादमी ज्वॉइन किए अभी कुछ दिन ही हुए थे, इसलिए हमने यह आस लगभग छोड़ ही थी कि विक्रम शादी में आ पाएगा, लेकिन विक्रम तो विक्रम ही ठहरा; वह ठीक समारोह वाले दिन पहुँच ही गया। विवाह समारोह में शामिल होने के लिए वह अपने सीनियर से स्पेशल परमीशन लेकर आया था। लोगों से वह किसी न किसी तरह अपना काम निकलवा ही लेता था। ऐसा करामाती था मेरा भाई!

—सीमा सेठी

❑

भाई, जिसने अपना वादा पूरा किया : एक बहन की श्रद्धांजलि

मेरी बचपन की स्मृतियाँ भाई-बहनों के साथ बिताए गए सुखद क्षणों से ओत-प्रोत रही हैं और विक्रम की तो पूछिए मत। बहुत अच्छा था वह। अपनी छोटी-छोटी, किंतु महत्त्वपूर्ण भाव-भंगिमाओं से वह मुझे हमेशा खुश रखने की कोशिश करता था। मुझे प्यार से मुनिया कहा करता था; उम्र में मैं उससे डेढ़ साल ही बड़ी थी, लेकिन मेरा छोटा भाई मेरी छोटी से छोटी इच्छा को भी पूरा करने की कोशिश करता था।

उन दिनों की बातें सोचने लगती हूँ तो सब स्मृतियाँ ताजा हो जाती हैं। मुझे याद है, पालमपुर में एक स्पोर्ट्स क्लब हुआ करता था, जहाँ इंडोर और आउटडोर खेल की सुविधाएँ थीं। विक्रम और विशाल उसके नियमित सदस्य थे और दोनों ने टेबल टेनिस में कई पुरस्कार भी जीते थे। एक बार विक्रम के सामने मैंने टेबल टेनिस में हाथ आजमाने की अपनी इच्छा प्रकट की, लेकिन वहाँ खेलनेवाले ज्यादातर लड़के थे, इस कारण मैं थोड़ा हिचकिचाती थी। विक्रम ने कहा कि इसके लिए वह कोई तरकीब निकालेगा। अगले दिल उसे टीटी टेबल घर लाते देखकर हम सब हैरान रह गए दरअसल दीवाली की छुट्टियों के कारण क्लब कुछ दिन के लिए बंद होनेवाला था; तो केयरटेकर से परमीशन लेकर वह टीटी टेबल घर उठा लाया। तीन-चार दिन तक वह टेबल हमारे पास ही रही और हमने जी भरकर खेला।

जब मैंने उससे कहा कि यह सब करने की क्या जरूरत थी, मैंने तो

यूँ ही कह दिया था; तो इस पर उसने अपनी खास शैली में जवाब दिया था, 'मुनिया, मैं वादे का पक्का हूँ।' सचमुच, वादे का पक्का था वह। आज यह बात सारी दुनिया के सामने है कि कारगिल की लड़ाई में किस प्रकार अपने कर्तव्य का पालन करते हुए उसने स्वयं को कुरबान कर दिया।

मैं अपने पति के साथ देहरादून स्थित भारतीय सैन्य अकादमी में विक्रम की पासिंग आउट परेड देखने के लिए गई थी, जो मेरे जीवन का सबसे यादगर क्षण रहा। उस समय मेरी नई-नई शादी हुई थी। विक्रम में कुछ ऐसी बात थी, जो उसे सब जेंटलमैन कैडेटों से अलग करती थी। सैनिक वेशभूषा में वह बहुत आकर्षक लग रहा था और उसके चेहरे पर प्रसन्नता के भाव साफ झलक रहे थे।

वहाँ उसने समारोह में आए अपने दोस्तों और परिवार के सदस्यों के लिए, भारतीय सैन्य अकादमी और फॉरेस्ट रिसर्च इंस्टीट्यूट के कैंपस में घूमने की व्यवस्था भी कर रखी थी।

अपनी सूझ-बूझ और सरलता के बल पर लोगों से अपना काम बहुत आसानी से निकलवा लेता था। काश! युद्ध के बाद मातृभूमि की सेवा में अपने त्याग और बलिदान की कई और कहानियाँ सुनने-देखने का मौका देने के लिए आज वह हमारे बीच होता!

विक्रम बत्रा अमर रहें!

—नूतन मलिक

❑

न जाने फिर कब मुलाकात होगी : जानी

मैंने जुलाई 1992 में डी.ए.वी. कॉलेज चंडीगढ़ में दाखिला लिया था। हॉस्टल में मेरा ध्यान दो नौजवानों की ओर गया, जो बात-व्यवहार में बहुत अच्छे और आत्मविश्वास से परिपूर्ण लगे। एक और खास बात यह थी कि दोनों देखने में एक जैसे थे। दोनों में बस एक ही अंतर था : उनमें से एक चश्मा पहनता था और दूसरे के चेहरे पर तिल था। हाय! मेरा नाम हरदीप संधू है और दोस्त मुझे निप्पी कहकर बुलाते हैं, मैंने कहा था। इस पर उनमें एक ने जवाब दिया था, 'मैं बत्रा, विक्रम बत्रा।' पता नहीं, क्यों, लेकिन यह परिचय मुझे 'बॉन्ड', 'जेम्स बॉन्ड' के परिचय सा लगा। 'यह मेरा भाई विशाल है, सब दोस्त हमें लव और कुश कहकर बुलाते हैं।' उसने आगे कहा था। इसी साधारण से परिचय से हुई थी हमारी चिरकालिक दोस्ती की शुरुआत।

कॉलेज शुरू हो गया था, कक्षाएँ अपराह्न 2 बजे तक चलती थीं। मैंने देखा कि विक्रम जो कुछ भी करता था, वह पूरे उत्साह और लगन से करता था। अपनी किताबें समय पर इश्यू कराता था, सुबह समय से उठता था और समय से नाश्ता करता था तथा सारी (जी हाँ, लगभग सारी) कक्षाएँ अटेंड करता था। मैं अपराह्न लगभग 1 बजे उठता था और हॉस्टल की कैंटीन में आकर विक्रम और विशाल का लंच के लिए इंतजार किया करता था। विक्रम पूछता, 'तुम क्लास क्यों नहीं अटेंड करते हो?' मैं हँसते हुए कहता, 'जानी, जो कुछ पढ़ाया जाता है, वह सब कुछ किताबों में तो लिखा ही है और रही बात अटेंडेंस (उपस्थिति) की, तो उसके लिए अभी पूरा साल पड़ा है।'

उसके बाद विक्रम उर्फ 'जानी' टेबल टेनिस या अन्य खेल के अभ्यास के लिए चला जाया करता था। वह अकसर मुझसे कहता था कि मैं भी किसी खेलकूद या अन्य क्रिया-कलापों में हिस्स लूँ, लेकिन मैं मुस्कराते हुए हर बार यही कहता, 'तुम हिस्सा लो या मैं एक ही बात है; आखिर तुम तो हिस्सा ले ही रहे हो।' हमारी शाम अकसर चंडीगढ़ के सेक्टर 10 और 11 के बीच या सेक्टर 17 में या फिर कभी-कभी चंडीगढ़ के गवर्नमेंट कॉलेज ऑफ गर्ल्स के पीछे 'लवर्स' लेक में घूमते हुए बीतती थी।

इतवार के दिन हम सेक्टर 17 के ही थिएटर में मूवी देखने जाते थे, जिसकी टिकट उस समय साढ़े सात रुपए हुआ करती थी। वहाँ से हम हॉट मिलियंस में जाकर कुछ खाते थे। कितने अच्छे दिन थे वे!

जैसा मैंने देखा, विक्रम पूरे हॉस्टल और कॉलेज में सबसे ज्यादा लोकप्रिय हुआ करता था। आँखों में शरारतभरी चमक और चेहरे पर मुस्कान लिये वह हर किसी की मदद के लिए तैयार रहता था। सब उसे जानते थे और वह भी सबको जानता था। मैंने सड़कवासला राष्ट्रीय रक्षा अकादमी की प्रवेश परीक्षा में साक्षात्कार भी दिया था, एक दिन हॉस्टल में विक्रम मेरे कमरे में आया और कहने लगा, 'अरे, एन.डी.ए. के परीक्षा परिणाम आ गए, चलो, चलकर देखते हैं।' मैं उसके साथ सेक्टर 11 के एक साइबर कैफे में गया। मैंने देखा, वह मुझसे कहीं ज्यादा उत्साहित था। सच, पक्का फौजी था वह। भारतीय सेना में जाना उसका एकमात्र सपना था। अखबार में कुछ देर ढूँढ़ने के बाद वह अचानक खुशी से चीख पड़ा : 'जानी, तुम पास हो गए, और पास ही नहीं, ऑल-इंडिया मेरिट में तुम्हारा तीसरा स्थान आया है।' अगले दिन हमने जमकर पार्टी की। उसके बाद हम जरूरी चीजों की खरीदारी करने गए। इस सबके बीच मैं उसके चेहरे पर उत्साह और खुशी की चमक साफ-साफ देख सकता था। बाद में मैंने थोड़ा संजीदा होकर उससे पूछा कि तुम सेना में कब जा रहे हो। उसने कहा कि सशस्त्र बल का हिस्सा बनने के लिए अभी उसे कुछ तैयारी करनी है। मुझे कॉलेज में एन.सी.सी. ज्वॉइन करने और उसके बाद संयुक्त रक्षा सेवा परीक्षा में बैठने की अपनी योग्यता

के बारे में बताते हुए वह जैसे दूसरी दुनिया में खो गया था। अंत में उसने अपने एक और लक्ष्य की बात बताई : जिदंगी में खुलकर जीना। मैं हँसने लगा और कहा कि, सेना में जाने के लिए तो तुम तैयार ही हो।

दिसंबर 1992 में मैं एन.डी.ए. में चला गया और विक्रम कॉलेज की पढ़ाई पूरी करने में लगा रहा। फोन और पत्र के जरिए हम बराबर संपर्क में बने रहे। जून 1993 में जब मैं पहली बार छुट्टी में आया, तो विक्रम ने बताया कि उसके कॉलेज में भी गरमियों की छुट्टी होनेवाली है। इससे मैं थोड़ा निराश हो गया, क्योंकि कॉलेज की छुट्टी होने का मतलब वह अपने गृहनगर पालमपुर चला जाता और मुझे उससे मिलने का मौका नहीं मिल पाता, लेकिन उसने आगे बताया कि छुट्टी के कुछ दिन वह पालमपुर और मंडी में बिताएगा और शेष दिन चंडीगढ़ में बिताएगा ताकि हम कुछ दिन एक साथ रह सकें और घूम-फिर सकें। उसके बाद से हर छठे महीने जब मैं छुट्टी पर आता था तो कुछ दिन के लिए वह चंडीगढ़ जरूर आता था। वह मुझसे एन.डी.ए .की ट्रेनिंग के बारे में एक-एक बात पूछता और मेरे बताने पर खुद वैसी ही नकल करने की कोशिश करता। अपने डैड की कार लेकर मैं उसके साथ उसके मॉम और डैड से मिलने पालमपुर जाता; वहाँ से मंडी और फिर टिंबर टूल, कसौली, नहान और पिंजौर जाता। मेरे घरवालों को पता होता था कि हमारा ट्रिप कभी भी कहीं भी शुरू हो सकता है। वे यह भी जानते थे कि मैं विक्रम की बात नहीं काट सकता; इसलिए, जब भी मुझे कुछ कहना होता था, तो वे यह कहते हुए विक्रम को आगे कर देते थे कि निप्पी तुम्हारी बात ही सुनता है। यह सच भी था। मैं उसकी कोई भी बात नहीं काट सकता था और बिना किसी तर्क-वितर्क के उसकी हर बात मान लेता था, बस एक को छोड़कर, जब हम दोनों ही खुद को ज्यादा सुरक्षित तरीके से कार चलाने में सक्षम मानते थे। बीस दिनों के उस अवकाश का मुझे बेसब्री से इंतजार रहता था, जिसके लिए मैं दिन गिना करता था।

विक्रम कॉलेज की पढ़ाई और एन.सी.सी., दोनों जगह ठीक-ठाक चल रहा था। इसे बेस्ट कैडेट का पुरस्कार भी मिला था। उसके बाद वह दिन आया,

जिसका हमें बेसब्री से इंतजार था—संयुक्त रक्षा सेवा परीक्षा का परिणाम आया और जानी उसमें पास हो गया। उस समय मैं भारतीय सैन्य अकादमी देहरादून में थर्ड टर्म में था। वहाँ सबको पहले से पता था कि संघू का भाई भी अकादमी में आनेवाला है। मैं उसका बेसब्री से इंतजार कर रहा था। इसे जेस्सोटर कंपनी एलॉट की गई, जबकि मैं सांगरा कंपनी का सीनियर अंडर ऑफिसर था। वहाँ हम अपने ट्रेनिंग शेड्यूल के अनुसार समय निकालकर मिला करते थे। बुधवार के दिन हम मूवी देखने जाया करते थे; ज्यादातर जेंटलमैन कैडेट मूवी से पहले 'स्ट्रेंथनिंग एक्सरसाइज में शामिल हुआ करते थे। शुरू में कुछ दिन मेरे साथ मूवी देखने के जाने के बाद एक दिन विक्रम ने मुझसे कहा कि उसकी कंपनी स्ट्रेंथनिंग एक्सरसाइज में भाग ले रही है, इसलिए उसे कंपनी के साथ जाना चाहिए। उसकी बात सुनकर मैं बहुत खुश हुआ। आखिर वह एक टीम प्लेयर था और हर कीमत पर टीम का साथ देना उसकी जिम्मेदारी थी। मैंने उसे कंपनी ज्वॉइन करने दिया और अप्वॉइंटमेंट को कहा कि जेस्सोर कंपनी को क्षेत्रपाल ऑडिटोरियम में मूवी के लिए आने दे। जाते समय विक्रम ने मुझसे कहा था, 'तुम हार मत मानना।' भारतीय सैन्य अकादमी में उसकी डेढ़ साल की ट्रेनिंग थी, लेकिन मुझे पता था कि वह पहले से ही बहुत कुछ कर पाने में सक्षम है। जैसी हम सबको उम्मीद थी, उसने अपना प्रशिक्षण सफलतापूर्वक पूरा कर लिया।

दिसंबर 1997 में उसे कमीशन मिलनेवाला था। उस दिन को खास बनाने के लिए मैं अपनी यूनिट से छुट्टी लेकर अकादमी में आ गया था। मैंने उससे वादा किया था कि मैं अपनी बाइक से आऊँगा। उसे 13, जम्मू-कश्मीर राइफल्स में कमीशन किया गया। मैंने विक्रम से कहा, 'अब तो तुम खुश हो, आखिर तुम्हारा सबसे बड़ा सपना पूरा हो रहा है।' इस पर उसका जवाब सुनकर मैं एक बार को हैरान रह गया, 'नहीं, अभी नहीं। मेरा जन्म कुछ और बड़े काम के लिए हुआ है।' सच कहा था, तुमने दोस्त! मैं और विक्रम दोनों मेरी बुलेट (एनफील्ड 350) बाइक पर 'ये दोस्ती हम नहीं छोड़ेंगे…' का गाना गाते हुए देहरादून से चंडीगढ़ के लिए चल पड़े; मेरे डैड और मॉम

अपनी कार में हमारे पीछे-पीछे चल रहे थे। छुट्टी खत्म होने के बाद हम दोनों अपनी-अपनी यूनिट में आ गए। हम अपनी छुट्टी की प्लानिंग कुछ इस तरह करते थे ताकि चंडीगढ़ या पालमपुर में हम मिल सकें। हम यूनिट में अपने-अपने अनुभव के बारे में बातें करते थे और एक-दूसरे को विभिन्न विषयों पर जानकारी भी देते थे। जब विक्रम अपने कमांडो कोर्स के लिए जा रहा था, उस समय उसके भाई विशाल के साथ मैं भी उसे छोड़ने स्टेशन तक गया था और उसके फौजी बक्से को गाड़ी में रखवाने में मदद की थी। इस कोर्स के लिए दिल्ली से जानेवाले अपने अन्य साथियों से मिलकर वह बहुत उत्साहित था।

हम दोनों ही सेना में अपने-अपने जीवन से खुश थे; उसी दौरान कारगिल की लड़ाई छिड़ गई। उसे मोर्चे पर तैनात किया गया था। उस दौरान पत्रों के जरिए मैं उसके साथ संपर्क में बना रहा। 20 जून को जब वह तोलोलिंग पर कब्जा करनेवाले सैन्य दल में था, उसने मुझसे कहा, 'जानी ये तोलोलिंग की चोटियाँ, तुम्हारे जन्मदिन के उपहार के रूप में।' वह बहुत उत्साहित था और उसी उत्साह में उसने कहा, 'घर जाना, तो सबको बताना कि आप लोगों के कल के लिए हमने अपना आज कुरबान कर दिया है।' मैंने उसे बताया कि मैं उसे न्यूज में बराबर देख रहा हूँ और यह भी कहा कि वह अपना खयाल रखे, क्योंकि यहाँ वीडियो गेम की तरह कोई तीसरा मौका नहीं मिलता है।

मैं नॉर्थ-ईस्ट में एक कॉर्प्स कमांडर के ए.डी.सी. (Aide-de-Camp) के रूप में तैनात था, तभी अर्धरात्रि के समय मेरे पास एक कोर्स-मेट का फोन आया, 'संधू, विक्रम शहीद हो गया।' रिसीवर रखकर मैं बैठ गया और सारी रात रोता रहा तथा रोते-रोते ही पालमपुर जाने के लिए अपना बैग तैयार करता रहा। अगले दिन मैंने कॉर्प्स कमांडर को सारी बात बताई और उनसे छुट्टी के लिए अनुरोध किया। विक्रम के भाई विशाल ने फोन करके बताया कि वहाँ सब अंतिम संस्कार के लिए मेरा इंतजार कर रहे हैं। मैंने उसे बताया कि मुझे गुवाहाटी के निकटतम एयरपोर्ट पर पहुँचने में दो दिन लगेंगे और उसके बाद एक दिन पालमपुर पहुँचने में लगेगा, इसलिए मेरे इंतजार में उस

हीरो का अंतिम संस्कार न रोका जाए। जब मैं पालमपुर पहुँचा तो उस समय सब लोग श्मशान घाट से वापस आ रहे थे। सारा पालमपुर उमड़ पड़ा था। मैं विशाल और उसके मॉम-डैड से मिला और उन्हें बाँहों में भर लिया। मुँह से एक शब्द भी नहीं निकला। अगले दिन विशाल, मैं और उसके मामा विक्रम की अस्थि लेकर हरिद्वार के लिए चले। रास्ते में कार खराब हो गई। इस पर मैं बोल पड़ा, 'पहले ऐसा ही तो होता था; विशाल, विक्रम और निप्पी एक साथ हुए नहीं कि मुसीबत शुरू।' विशाल ने कहा, 'जानी हमें छोड़ना नहीं चाहता।'

वैज्ञानिक सिद्धांत के अनुसार, ऊर्जा का न तो सृजन होता है और न ही यह नष्ट होती है। यह एक रूप से दूसरे रूप में रूपांतरित होती है। मनुष्य के शरीर की ऊर्जा भी शरीर से निकलकर एक अन्य रूप में रूपांतरित हो जाती है, जिसके बारे में ज्ञान नहीं होता। जो व्यक्ति आपके दिल में है, वह कभी आपसे दूर जा ही नहीं सकता, क्योंकि वह तो आपके अंदर होता है। बस, उसकी भौतिक उपस्थिति स्मृतियों के रूप में रूपांतरित हो जाती है, जिसे आपसे अलग नहीं किया जा सकता।

देश के लिए वह विक्रम, लव, शेरशाह, एक दोस्त, एक बेटा, एक भाई और एक हीरो रहा होगा, लेकिन मेरे लिए तो वह मेरा जानी ही था और हमेशा रहेगा।

न जाने कहाँ फिर मुलाकात होगी…जानी।

—ले.कर्नल हरदीप संधू (से.नि.)

(विक्रम के मित्र)

❑

कारगिल की कहानी : बरखा दत्त की जुबानी

विक्रम बत्रा की वह मुस्कान मैं कभी नहीं भूल पाऊँगी, जो उनके चौड़े जबड़ों और साहस तथा संतोष की चमक लिये उनकी आँखों के बीच बिखरती प्रतीत होती थी। कारगिल युद्ध के दौरान शुरू में मैंने उनका साक्षात्कार लिया था; और यह पहला शोक संदेश है, जो मैं उनके लिए लिखने जा रही हूँ।

मुझे नहीं मालूम कि पहली बार मैं उनसे कब मिली। हम घुमरी के एक बेस कैंप में सफेद टेंट के नीचे साथ-साथ बैठे थे; विक्रम और उनके जवान प्वॉइंट 5140 को पाकिस्तानी घुसपैठियों से मुक्त कराकर आए ही थे। विक्रम के चेहरे पर चिंता, डर या थकावट जैसा कोई भाव नहीं था; उल्टा वे और उनके जवान मित्रवत् भाव से एक साथ बैठे एक पुरानी 'कॉस्मोपॉलिटन' मैग्जीन के पन्ने पलट रहे थे। साहस और निर्भीकता से लबालब भरे वही जिदांदिल विक्रम। 'शेरशाह' का कूटनाम उनके लिए सर्वथा उपयुक्त ही था। चेहरे पर बड़ी-बड़ी दाढ़ी और मुस्कराती आँखें जैसे इस सच को छिपाने की कोशिश कर रही थीं कि वह अभी मात्र 24 वर्ष के हैं, यानी उस समय मुझसे उम्र में दो साल छोटे। लड़ाई की चुनौतियों और मुश्किलों की बातें वे उसी तरह बता रहे थे, जैसे ऑफिस में काम करनेवाला व्यक्ति अपने काम के बारे में बता रहा हो। सच, इस सबमें उनका असाधारण शौर्य और साहस झलक रहा था।

प्वॉइंट 5140 के पूर्वी छोर (जिसके अंतर्गत द्रास का बड़ा हिस्सा आता था और जो पाकिस्तान के सीधे निशाने पर था) पर आते ही विक्रम और उनके साथी जवानों को भारी गोलाबारी का सामना करना पड़ा, लेकिन वे आगे बढ़ते रहे; क्योंकि जैसा विक्रम ने मुझे बताया, 'अगर हम रुक जाते तो दुश्मन हमें अपना निशाना बना लेता, इसलिए रुकने या पीछे हटने का सवाल नहीं था।' एक बार तो ऐसा हुआ कि जो रेडियो फ्रीक्वेंसी विक्रम और उनके जवान प्रयोग में ला रहे थे, उसे बीच में इंटरसेप्ट करके (रोककर) उस पार पाकिस्तानियों ने चेतावनी दी—'शेरशाह, ऊपर मत आना, वरना हम तुम्हें सबक सिखा देंगे।' इस धमकी से डरने की बजाय विक्रम और ज्यादा दृढनिश्चय से आगे बढ़ने लगे। अंत में चोटी पर भारतीय सेना का कब्जा हो गया; अब भारतीय हेलीकॉप्टर द्रास के ऊपर स्वतंत्र होकर उड़ सकते थे।

युद्ध पर मेरी रिपोर्टिंग लड़ाई की सीमा से कहीं बढ़कर विक्रम जैसे युवा वीर सपूतों की कहानियों को लोगों तक पहुँचाने के लिए थी। मैं उन वीर जवानों को उनके व्यक्तिगत रूप में जानना चाहती थी; देखना चाहती थी कि क्या उन्हें डर नहीं लगता। भय और नुकसान के भाव को वे कैसे सँभाल लेते हैं ? मैं चाहती थी कि लोग इस बात को समझें कि बहादुरी और संवेदनशीलता में कोई विरोधाभास नहीं होता। वहाँ मैं जितने सैनिकों से मिली, उन सबमें यह कैप्टन मुझे बिल्कुल अलग लगा। जब मैं उनसे ये सब सवाल पूछ रही थी तो वह सिर को पीछे की, ओर खींचकर ठहाका लगाने लगे थे; 'ये दिल माँगे मोर'—जी हाँ, पेप्सीवालों की इस लोकप्रिय लाइन को उन्होंने राष्ट्रीय आदर्श बना लिया था। अपने इसी आदर्श वाक्य के साथ वे कारगिल युद्ध के हीरो बन गए थे, तभी अपने एक साथी जवान को बचाने की कोशिश में वे स्वयं शहीद हो गए। बाद में हमें पता चला कि उस साथी जवान को बचाने के लिए जो अन्य जवान जाने के लिए तैयार था, उसे विक्रम ने यह कहकर रोक दिया था कि तुम बाल-बच्चेदार हो, इसलिए तुम मत जाओ, मुझे जाने दो, तो ऐसे थे कैप्टन विक्रम बत्रा।

उस रात दिल्ली हेडक्वार्टर्स में टी.वी. प्रजेंटर जब यह खबर पढ़ रहा

था कि विक्रम बत्रा नहीं रहे, तो उसका गला रुँध गया और आवाज भर्राने लगी, वह पूरा वाक्य नहीं बोल पाया। वहाँ पहाड़ों पर उनके लिए अंतिम (अलविदा) संदेश लिखते हुए मेरी आँखें आँसुओं से नम हो गई थीं। हाँ, उनकी मुस्कान उस समय मेरी आँखों के सामने थी और आज भी है। उनकी आशावादी सोच सचमुच प्रेरणादायी थी।

अपने बूढ़े माता-पिता को छोड़कर जाते समय उन्होंने कहा था कि वह या तो दुश्मन पर विजय प्राप्त कर भारत का तिरंगा लहराकर आएँगे, अन्यथा खुद तिरंगे में लिपटकर आएँगे। दोनों ही बातें उन्होंने सच कर दिखाईं।

उनके जुड़वाँ भाई विशाल, जो हू-ब-हू विक्रम की प्रतिमूर्ति हैं, बताते हैं कि जिस समय विक्रम का पार्थिव शरीर चिता पर रखने के लिए ताबूत में से उठाया जा रहा था और तिरंगा उनके परिवारवालों के हाथ में थमाया जा रहा था, उस समय मौत का भय जैसे उनसे बहुत दूर हट गया था। 'पता है, जब उन्हें अंतिम संस्कार के लिए ले गए, उनका पार्थिव शरीर ताबूत में से निकाला गया, और तिरंगा ध्वज मेरी मॉम के हाथ में थमाया गया। मैं उनका पार्थिव शरीर अपने हाथ में लिये हुए था; यह मेरे जीवन का पहला मौका था, लेकिन उस समय मौत का भय मेरे अंदर नहीं रह गया था।

मैं और विशाल, जो आजकल एक प्राइवेट बैंकर हैं और कभी वह भी सैनिक बनने के सपने देखा करते थे, खुले आसमान के नीचे बैठे कैप्टन बत्रा चोटी की ओर निहार रहे थे। विशाल की यह पहली कारगिल यात्रा थी; लड़ाई के दस साल बाद हम उन पहाड़ों पर साथ-साथ गए थे। पहाड़ों के नीचे, जहाँ दुश्मनों ने उनके जुड़वाँ भाई की हत्या कर दी थी, विशाल को और स्वयं मुझे भी ऐसा लग रहा था मानो वह हमारी बातें सुन रहे हों। इतने वर्षों से दिल में छिपा दर्द आँसू बनकर विशाल की आँखों से निकलने लगा था। फिर उसी चोटी के नीचे बैठकर विशाल ने अपने भाई के लिए एक पत्र लिखा—यह जताने के लिए कि बचपन में साथ-साथ बिताए गए दिनों की स्मृतियों के सहारे ही वह चल पा रहे हैं। वह पत्र को जोर-जोर से पढ़ रहे थे, जैसे वहाँ शांत बादलों के बीच से उनका भाई उन्हें देख रहा हो। उसके

बाद सलामी की मुद्रा में चुपचाप खड़े होकर उन्होंने पत्र को आसमान की ओर जाती हवाओं को सौंप दिया।

एक-दूसरे से गले मिलकर हम नीचे की ओर चल पड़े। जब भी मैं विक्रम के बारे में सोचती हूँ, उनकी स्मृतियाँ मेरे दिल की गहराई में बैठी मिलती हैं; स्मृतियाँ, जिनमें दर्द के आँसू भी हैं और गर्व का भाव भी।

विक्रम हम आपको कभी नहीं भुला पाएँगे। गौरव और सम्मान के क्या मायने होते हैं, यह मैंने उससे ही जाना, आप स्वयं इसका दृष्टांत बन गए।

—बरखा दत्त (पत्रकार एवं लेखिका)

❑

जन-जन का हीरो : देश-दुनिया के शब्दों में

विक्रम की शहादत के बाद हमें पता चला कि पालमपुर के इस सरल साधारण से बालक ने कैसे दूर-दूर तक बूढ़े और जवान, सबके दिलों में अपनी जगह बना ली थी।

द्रास में विजय पताका दिवस समारोह में बैठे लेफ्टिनेंट जनरल रैंक के एक सैन्य अधिकारी ने मुझे बताया था कि विक्रम एक सैन्य अधिकारी मात्र ही नहीं थे, बल्कि एक सच्चे देशप्रेमी और पुरस्कारों-सम्मानों से कहीं ऊपर थे। अगर 'परमवीर चक्र' से बढ़कर भी कोई पुरस्कार होता तो उस पर विक्रम का हक होता।

विक्रम के स्कूल के प्रिंसिपल ने अपने पत्र में लिखा था कि यूँ तो हर कोई जन्म लेता है और हर कोई मरता है, लेकिन विक्रम का जाना स्वयं में बिल्कुल अलग था।

अमेरिका में रहनेवाले एक अनिवासी भारतीय ने लिखा कि उनकी पत्नी को बच्चा होनेवाला था और वह विक्रम से इतने प्रभावित थे कि उन्होंने पहले से तय कर लिया था कि अगर लड़का होगा, तो उसका नाम विक्रम रखेंगे।

एक नौजवान ने अपने पत्र में लिखा था कि वे विक्रम की एक फोटो हमेशा अपने पास रखते हैं और जब भी वह किसी डर या निराशा की स्थिति में होते हैं, उस समय वह फोटो देखकर उन्हें बहुत हिम्मत मिलती है।

पेप्सिको इंडिया लिमिटेड के चेयरमैन ने लिखा था कि उनके कॉमर्शियल

स्लोगन 'ये दिल माँगे मोर' को लड़ाई के मैदान तक पहुँचाकर उन्होंने अपने साथ-साथ उसे भी अमर कर दिया।

एक उद्योगपति ने लिखा था कि पहली बार वे अपनी माँ के निधन पर रोए थे और दुबारा वह रोए तो सिर्फ विक्रम की मौत पर। टी.वी. पर विक्रम की मौत की खबर सुनने के बाद वे दो दिन तक लगातार विक्रम की कहानी सुनते रहे।

एल ओ सी : कारगिल फिल्म के सिलसिले में विक्रम के भाई विशाल से मिलने आए अभिनेता अभिषेक बच्चन ने कहा था कि वे तो महज परदे पर के हीरो हैं, असली हीरो तो विक्रम बत्रा थे।

जानी-मानी हस्ती टी.वी. पत्रकार बरखा दत्त ने एक रिपब्लिक डे पार्टी के दौरान राष्ट्रपति भवन में हमसे मिलने पर बताया था कि प्वॉइंट 5140 पर कब्जा करने के बाद द्रास में जब विक्रम से वह मिली थी तो विक्रम बहुत खुश और उत्साहित थे। बेस कैंप में उन्होंने विक्रम के साथ चाय पी थी और उनका साक्षात्कार लिया था, जहाँ विक्रम ने उन्हें दुश्मन से बरामद की गई एंटी-एयरक्राफ्ट गन भी दिखाई।

कैप्टन विक्रम बत्रा के विजय संदेश 'ये दिल माँगे मोर' को याद करते हुए उनकी आँखें भर आई थीं। उनके इन शब्दों को टी.वी. पर बारंबार दिखाया जा रहा था। एक सप्ताह बाद उनकी शहादत की खबर आई तो हमारे पास उन तमाम लोगों के पत्रों और फोन कॉल की भरमार हो गई, जो उनके परिवारवालों से मिलना चाहते थे।

अपनी पुस्तक 'दिस अनक्वाइट लैंड' में बरखा दत्त ने कैप्टन विक्रम बत्रा के बारे में कुछ इस प्रकार लिखा है :

'कारगिल की लड़ाई में (कैप्टन) विक्रम और अन्य जवानों ने जो वीरता दिखाई, उसे हर भारतीय के लिविंग रूम में पहुँचाने का श्रेय विक्रम बत्रा को जाता है, जो 13, जम्मू-कश्मीर राइफल्स के एक सैनिक थे। लड़ाई के शुरुआती दिनों में घुमरी के बैस कैंप में उनसे मिली थी। फ्रंटलाइन पर किसी सैनिक का यह मेरा पहला साक्षात्कार था और पहली बार मैंने लिखा

था। उस समय वे अपने जवानों के साथ एक अभियान को सफलतापूर्वक अंजाम देकर आए थे और उस विस्तृत पहाड़ी क्षेत्र में एक पुराने से तंबू के नीचे बैठकर 'कॉस्मोपॉलिटन' पत्रिका की एक पुरानी कॉपी के पन्ने पलट रहे थे। बड़ी-बड़ी दाढ़ी और मुस्कराती आँखों वाले विक्रम को 'शेरशाह' का कूटनाम दिया जाना सर्वथा सार्थक ही था। पत्रिका के पन्ने पलटते हुए वे किसी किशोरवय लड़के की तरह बड़े उत्साह से अपने अभियान के बारे में बता रहे थे। प्वॉइंट 5140, जो द्रास की सबसे ऊँची पर्वत चोटी है, के पूर्वी छोर की ओर बढ़ने पर विक्रम और उनके साथी जवान दुश्मन की आर्टिलरी और छोटे आग्नेयास्त्रों की चपेट में आ गए। दुश्मन लगातार फायरिंग करते हुए रोशनी करने की कोशिश कर रहा था; इससे विक्रम और उनके जवान, जो अँधेरे की आड़ में खुद को छिपाते हुए आगे बढ़ रहे थे, के दुश्मन की नजर में आ जाने का डर था। जैसा विक्रम ने मुझे बताया था, 'अगर हम रुक जाते तो हम दुश्मन के निशाने पर आ जाते। इसलिए रुकने का सवाल ही नहीं था।' एक बार तो पाकिस्तानियों ने भारतीय सेना की रेडियो फ्रीक्वेंसी को इंटरसेप्ट करके उस पर चेतावनी प्रसारित कर दी, 'शेरशाह, ऊपर मत आना, वरना बुरे में फँस जाओगे।' लेकिन विक्रम जैसा वीर जवान दुश्मन की धमकियों से कब डरनेवाला था। वह और भी ज्यादा दृढनिश्चय से आगे बढ़ने लगे। अंततः चोटी पर भारतीय सेना ने अपना परचम फहरा दिया और अब भारतीय हेलीकॉप्टर स्वतंत्रतापूर्वक द्रास के ऊपर उड़ सकते थे।

इस सफलता से लड़ाई में एक नया मोड़ आ गया। संवेदनशीलता पर मेरे सवालों के जवाब देते हुए विक्रम, जो उस समय मात्र 24 वर्ष के थे, बड़े सहज भाव से ठहाके मारकर हँसने लगते थे। पेप्सीवालों की लोकप्रिय लाइन 'ये दिल माँगे मोर' को अपने संदेश के रूप में बोलते हुए वह हँसने लगते थे। सचमुच उस समय विक्रम बत्रा भारत की आन-बान और शान की पहचान बन गए थे। उनकी आशावादी सोच ने उन्हें कारगिल का हीरो बना दिया था, तभी एक साथी जवान की जान बचाने की कोशिश में वे शहीद हो गए। उनके बूढ़े माता-पिता ने उनके द्वारा कहे उन शब्दों के बारे में सबको

बताया था, जो उन्होंने मोर्चे के लिए जाते समय कहे थे : 'मैं या तो दुश्मन पर जीत हासिल कर भारत का तिरंगा ध्वज लहराकर आऊँगा अन्यथा खुद उसी तिरंगे में लिपटकर आऊँगा।'

17, जाट रेजीमेंट के मेजर जे.एस. पूनिया, जो विक्रम को दुश्मन पर चीखते हुए सुन चुके थे, ने बताया, 'वह मुश्किल से मुश्किल काम के लिए भी तैयार रहते थे।' उन्होंने आगे बताया था कि कैप्टन बत्रा और उनके जवान इस समय 16,000 फीट की ऊँचाई पर हैं और जमा देनेवाली सर्द हवाओं के कारण उन्हें आगे बढ़ने में बहुत मुश्किल का सामना करना पड़ रहा है। हर मुश्किल का सामना करते हुए वे टीले की ओर बढ़ते जा रहे थे। सुबह होते-होते वे टीले पर पहुँच गए, जहाँ उन्हें दुश्मन की राइफलें और आर्टिलरी देखने को मिली। विक्रम अपने गुस्से को रोक नहीं पा रहे थे और अपने जवानों के साथ वे दुश्मन के साथ गुत्थम-गुत्था हो गए। संगीनें चमक उठीं और फायरिंग की आवाज हवा में गूँज उठी। कुछ ही मिनट में उन्होंने सात पाकिस्तानी सैनिकों को मौत के घाट उतार दिया।

13, जम्मू-कश्मीर राइफल्स के कैप्टन नवीन अनाब्रू, जिसे विक्रम ने बचाया था, उन्हें प्वॉइंट 4875 की लड़ाई में बिजली की तार के रूप में याद करते हैं, जो मुश्कोह घाटी में कभी अपने बंकर में दिखाई देते तो अगले ही पल बाहर निकल जाते।

❑

जनरल वी.पी. मलिक
पी.वी.एस.एम., ए.वी.एस.एम., ए.डी.सी.
General V.P Malik
PVSM, AVSM, ADC
12821/33/OPR/99/Org3(d)

सेना मुख्यालय
नई दिल्ली-110011
ARMY HEAD QUARTERS,
NEW DELHI - 110011

16 जुलाई, 99

श्रीमान बत्रा,

1. आपके सुपुत्र शहीद कैप्टन विक्रम बत्रा के असामयिक निधन पर मैं अपनी और सेना के अन्य सभी रैंकों की ओर से शोक संवेदना प्रकट करता हूँ। उनके (कैप्टन विक्रम) रूप में सेना ने अपना एक समर्पित ऑफिसर खो दिया है।
2. ईश्वर आपको इस अपूरणीय क्षति को सहन करने की शक्ति दे। दु:ख की इस घड़ी में हम आपके साथ हैं। यह मेरे लिए एक व्यक्तिगत क्षति है।

आपका

(जनरल वी.पी. मलिक)

श्री जी.एल. बत्रा
295, वार्ड नं.-5,
नजदीक पार्किंग स्टैंड, पालमपुर,
जिला- काँगड़ा,
राज्य- हिमाचल प्रदेश,
पिन-176061

एयर चीफ मार्शल ए.वाई. टिपणीस
पी.वी.एस.एम., ए.वी.एस.एम., वी.एम.,
ए.डी.सी.

Air Chief Marshal A.Y. Tipnis
P.V.S.M., A.V.S.M., V.M., A.D.C.

वायुसेना मुख्यालय
नई दिल्ली-110011
Air Head Quarters,
New Delhi-110011

26 जुलाई, 99

Air H.Q./15028/5/CAS

श्रीमान बत्रा,

1. 'कारगिल सेक्टर' में आपके बहादुर बेटे के निधन पर मुझे अत्यंत दुःख है। भारतीय सेना की गौरवशाली परंपरा को कायम रखते हुए विक्रम ने मातृभूमि की रक्षा के लिए सर्वोच्च बलिदान दिया है। भारतीय वायुसेना के समस्त स्टाफ के साथ मैं उनकी देशभक्ति और कर्तव्यपरायणता को सलाम करता हूँ।
2. दुःख की इस घड़ी में हमारी संवेदनाएँ आपके और आपके पूरे परिवार के साथ हैं। विक्रम की वीरतापूर्ण सेवा के लिए हम इस बहादुर परिवार को नमन करते हैं।
3. हम ईश्वर से प्रार्थना करते हैं कि वह आपको और आपके परिवार को इस अपूरणीय क्षति को सहन करने की शक्ति दे।

सच्ची संवेदना के साथ,
आपका शोक-संतप्त

(एयर चीफ मार्शल ए.वाई. टिपणीस)

श्री जी.एल. बत्रा
295, वार्ड नं.-5,
नजदीक पार्किंग स्टैंड, पालमपुर,
जिला- काँगड़ा,
राज्य- हिमाचल प्रदेश,
पिन-176061

राम नाइक

मंत्री
पेट्रोलियम एवं प्राकृतिक गैस
भारत सरकार
नई दिल्ली-110001

अर्द्ध स.प. संख्या- पी-19018/49/99-आई.ओ.सी./एफ-213

17 दिसंबर, 1999

महोदय,

1. स्वर्गीय कैप्टन विक्रम बत्रा ने कारगिल युद्ध के दौरान राष्ट्र की सुरक्षा के लिए अपना जीवन न्योछावर कर सम्पूर्ण राष्ट्र को गौरवान्वित किया।
2. मुझे यह अहसास है कि स्वयं आपको तथा आपके परिवार को जो क्षति हुई है, उसे भर पाना असंभव है। फिर भी राष्ट्र स्वर्गीय कैप्टन विक्रम बत्रा के बलिदान को खयाल में रखते हुए आपको पालमपुर में रिटेल आउटलेट डीलरशिप आवंटित करता है। मेरा अनुरोध है कि आप इसे स्वीकार कर हमें अनुगृहीत करने की कृपा करें।
3. मैं स्वर्गीय कैप्टन विक्रम बत्रा के बलिदान को नमन करता हूँ।

सादर,

भवदीय,

(राम नाइक)

श्री जी.एल. बत्रा
295, वार्ड नं.-5,
नजदीक पार्किंग स्टैंड, पालमपुर,
जिला- काँगड़ा,
राज्य- हिमाचल प्रदेश,
पिन-176061

दिल्ली कार्यालय :	201-ए शास्त्री भवन, नई दिल्ली-110001 दूरभाष : 011-3381462, 3386622, फैक्स : 011-3386118
निवास :	9 तीन मूर्ति मार्ग, नई दिल्ली-110001, दूरभाष : 011-3017111, 3793080, फैक्स : 011-3017112
मुंबई कार्यालय :	बुकिंग कार्यालय के पीछे, गोरेगाँव रेलवे स्टेशन (पूर्व) मुंबई-400063, दूरभाष : 022-8733339, 8732333, फैक्स : 022-8731133
निवास :	9 शिवस्मृति, 51 जयप्रकाश नगर, गोरेगाँव पूर्व, मुंबई-400063, दूरभाष : 022-8730333, फैक्स : 022-8766333

वसुंधरा राजे

कार्मिक, लोक शिकायत तथा
पेंशन राज्य मंत्री
भारत
Minister of State for
Personnel, Public Grievances & Pensions
India

श्रीमान बत्रा,

कैप्टन विक्रम बत्रा ने अपने वीरतापूर्ण कार्य से देश का गौरव बढ़ाया है, जिसके लिए उन्हें मरणोपरांत 'परमवीर चक्र' से सम्मानित किया गया है।

मैं स्व. कैप्टन विक्रम बत्रा के परिवार के लिए शुभकामनाएँ देती हूँ।

आपकी शुभेच्छु—

(वसुधरा राजे)

श्री जी.एल. बत्रा
295, वार्ड नं.-5,
नजदीक पार्किंग स्टैंड, पालमपुर,
जिला-काँगड़ा,
राज्य-हिमाचल प्रदेश,
पिन-176061

जॉर्ज फर्नांडीस
रक्षा मंत्री, भारत
Minister of Defence
India
जुलाई , 1999

प्रिय श्रीमान बत्रा,

आपके बेटे आई सी–57156 एच कैप्टन विक्रम बत्रा के 7 जुलाई, 1999 के असामयिक निधन पर मैं स्वयं अपनी ओर से और सेना के सभी रैंकों की ओर से शोक संवेदना प्रकट करता हूँ।

उन्होंने एक सच्चे सैनिक की तरह कर्तव्यपरायणता की वेदी पर सर्वोच्च बलिदान दिया है।

आशा है, आप हिम्मत से इस अपूरणीय क्षति को सहन करेंगे।

सादर,

आपका शुभेच्छु—
George Fernandes
(जॉर्ज फर्नांडीस)

श्री जी.एल. बत्रा
295, वार्ड नं.–5,
नजदीक पार्किंग स्टैंड, पालमपुर,
जिला– काँगड़ा,
राज्य– हिमाचल प्रदेश,
पिन–176061

ले. जनरल आर. के. साहनी
पी.वी.एस.एम, ए.वी.एस.एम.
सैनिक आसूचना महानिदेशक
Lt. General RK Sawhney
P.V.S.M., A.V.S.M.
Director General of
Military Intelligence

दूरभाष : 3011618

सैनिक आसूचना महानिदेशालय
जनरल स्टाफ शाखा,
सेना मुख्यालय,
डी.एच.क्यू.पी.ओ.
नई दिल्ली–110011
Director General of
Militgary Intelligence
GS Branch, Army Headquarters
DHQ PO, New Delhi - 110011

12992/RKS/DO

19 अगस्त, 99

प्रिय श्रीमान बत्रा,

1. इस पत्र के माध्यम से मैं बताना चाहता हूँ कि आपके बेटे कैप्टन विक्रम पर हमें कितना गर्व है। वे भारतीय सेना और उसके नेतृत्व की प्रतिमूर्ति थे। उनकी अद्‍भुत वीरता और साहस को सदैव याद किया जाएगा। मैं जानता हूँ कि उनका असामयिक निधन एक अपूरणीय क्षति है, जो हमेशा दिल को अखरती रहेगी। मुझे पूर्ण विश्वास है कि विक्रम को चरित्र का यह बल आपसे और परिवारवालों से ही मिला होगा। ईश्वर इस दुःखद क्षति को सहन करने के लिए आपको शक्ति दे।
2. दुःख की इस घड़ी में हम आपके साथ हैं और विक्रम के सर्वोच्च बलिदान और सर्वोच्च सम्मान 'परमवीर चक्र' के लिए हमें उन पर गर्व है। देश के इतिहास में उनका नाम अमर हो गया और वे भारतीय सेना की आनेवाली पीढ़ियों को इसी तरह प्रेरित करते रहेंगे।

ईश्वर भारत के इस महान सपूत की आत्मा को शांति दे।

सादर

आपका शुभेच्छु—

(ले. जनरल आर. के. साहनी)

श्री जी.एल. बत्रा
295, वार्ड नं.–5, नजदीक पार्किंग स्टैंड, पालमपुर,
जिला– काँगड़ा, राज्य– हिमाचल प्रदेश,
पिन–176061

ऑल इंडिया कांग्रेस कमेटी

24, अकबर रोड, नई दिल्ली-110011

फोन : 3793438, 3019080

सोनिया गांधी

प्रेसिडेंट जुलाई, 1999

प्रिय श्रीमान बत्रा,

आपके बेटे स्व. कैप्टन विक्रम बत्रा के बारे में दुःखद समाचार सुना। मुझे अत्यधिक अफसोस हुआ। उनकी वीरता और सर्वोच्च बलिदान को मेरा नमन।

हालाँकि मैं जानती हूँ कि दुःख की इस घड़ी में शब्दों द्वारा सहानुभूति जताने से दिल का दर्द किसी भी तरह कम नहीं होता, लेकिन मैं आपको यह भरोसा दिलाना चाहती हूँ कि आप और आपका परिवार मेरे मन और मेरी प्रार्थनाओं में हैं।

हार्दिक संवेदना और सहयोग की भावना के साथ,

आपकी शुभेच्छु—

(सोनिया गांधी)

श्री गिरधारी लाल बत्रा
पिता स्व. कैप्टन विक्रम बत्रा
प्रिंसिपल
सीनियर सेकंडरी स्कूल, परौर
पो.-पालमपुर, जिला-काँगड़ा,
हिमाचल प्रदेश

डॉ. करण सिंह

3, न्याय मार्ग
चाणक्य पुरी
नई दिल्ली-110011

19 अगस्त, 1999

श्रीमान बत्रा,

आपके बेटे स्व. कैप्टन विक्रम बत्रा, जिन्होंने ऑपरेशन विजय के दौरान असाधारण वीरता और देशभक्ति का प्रदर्शन करते हुए सर्वोच्च बलिदान दिया, सर्वोच्च वीरता पुरस्कार 'परमवीर चक्र' के सच्चे हकदार थे। जम्मू एंड कश्मीर रेजीमेंट के भूतपूर्व अवैतनिक कर्नल के रूप में मैं दुःख की इस घड़ी में आप और आपके परिवार के सदस्यों के प्रति शोक संवेदना व्यक्त करना चाहता हूँ। विक्रम का नाम रेजीमेंट और भारतीय सेना के इतिहास में स्वर्णाक्षरों से लिखा जाएगा।

अगली बार जब भी मुझे काँगड़ा आने का मौका मिलेगा, मैं स्वयं आपसे मिलने आऊँगा।

सादर,

आपका शुभेच्छु—

Karansingh

(डॉ. करण सिंह)

श्री जी.एल. बत्रा
295, वार्ड नं.-5,
नजदीक पार्किंग स्टैंड, पालमपुर,
जिला- काँगड़ा,
राज्य- हिमाचल प्रदेश,
पिन-176061

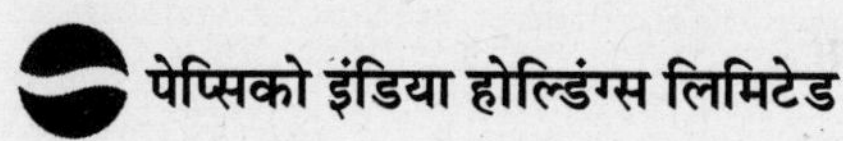

चेयरमैन

15 अगस्त, 1999

श्री जी.एल. बत्रा
295, वार्ड नं.–5,
नजदीक पार्किंग स्टैंड, पालमपुर,
जिला– काँगड़ा,
राज्य– हिमाचल प्रदेश,
पिन–176061

प्रिय श्रीमान बत्रा,

हमें गर्व है कि कैप्टन विक्रम बत्रा ने कारगिल में दुश्मन से लड़ते हुए हमारी मातृभूमि की रक्षा की। मैं जानता हूँ, बेटे को खोने का दर्द बहुत गहरा होता है, लेकिन मुझे पूर्ण विश्वास है कि हमारी तरह आपको भी अपने बेटे पर गर्व होगा।

कैप्टन बत्रा ने हमारे लोकप्रिय स्लोगन 'ये दिल माँगे मोर' को अपने साथ अमर कर दिया, इसके लिए हम उनके विशेष रूप से आभारी हैं।

हम परिवार के किसी काम आ सकें, तो यह हमारा सौभाग्य होगा।

सादर,

आपका शुभेच्छु—

(पी.एम. सिन्हा)

प्रो. पी.एल. मिश्रा

पूर्व डायरेक्टर कम-प्रिंसिपल,
एच.पी. यूनिवर्सिटी रीजनल सेंटर
एंड गवर्नमेंट कॉलेज,
डिप्टी डायरेक्टर एजुकेशन,
(नॉर्थ) हिमाचल प्रदेश,

एकजोट कॉलोनी,
रामनगर, धर्मशाला-176215,
जिला-काँगड़ा (हिमाचल प्रदेश),
दूरभाष : (01892) 23030,

दिनांक ....

प्रिय श्रीमान एवं श्रीमती बत्राजी,

हम आपके बहादुर बेटे कैप्टन विक्रम बत्रा के लिए शोक एवं श्रद्धा में सिर झुकाते हैं, जिन्होंने मोर्चे पर असाधारण वीरता से लड़ते हुए मातृभूमि के लिए सर्वोच्च बलिदान देकर एक इतिहास रच दिया है। उन्होंने अपना जीवन कुरबान कर दिया, ताकि हम अमन-चैन से रह सकें। शहीद को हम अपनी श्रद्धांजलि अर्पित करते हैं।

दुःख की इस घड़ी में हम सब आपके साथ हैं और देश कैप्टन बत्रा को नेशनल हीरो के रूप में सदैव याद करता रहेगा।

यह सच है कि (कैप्टन बत्रा के) असमय निधन से आपको और पूरे देश को असहनीय दुःख हुआ है, लेकिन हमें कैप्टन बत्रा पर गर्व करना चाहिए, जो स्वयं अमर हो गए।

कैप्टन विक्रम बत्रा अमर रहें। ईश्वर आपको और हम सबको इस अपूरणीय क्षति को सहन करने की शक्ति दे और शहीद की आत्मा को शांति दे।

ओम शांति! शांति! शांति!

आपका शुभेच्छु—

(प्रो. पी.एल. मिश्रा)

श्री जी.एल. बत्रा
प्रिंसिपल
सीनियर सेकंडरी स्कूल, परौर
जिला-काँगड़ा

स्टर्लिंग जिलेटिन

ए डिवीजन ऑफ स्टर्लिंग टी एंड इंडस्ट्रीज लि.

दिनांक : 16 अगस्त, 99

प्रिय श्रीमान बत्रा,

मैं बांबे का एक उद्योगपति हूँ। यद्यपि मुझे विक्रम से व्यक्तिगत रूप से मिलने का सौभाग्य प्राप्त नहीं हो सका, लेकिन कारगिल की लड़ाई के बारे में जानने के सिलसिले में मैंने कैप्टन बत्रा के वीरतापूर्ण कार्यों के बारे में जानकारी प्राप्त करनी शुरू की। जी टीवी (Zee TV) और स्टार टीवी (STAR TV) पर साक्षात्कार में मैंने उन्हें देखा था और उनसे बहुत प्रभावित हुआ था, वह थे ही ऐसे। एक शाम जब बाह्य मामले मंत्रालय की एक औपचारिक घोषणा में कर्नल बिक्रम सिंह ने कैप्टन विक्रम बत्रा की शहादत के बारे में बताया तो मैं बहुत दु:खी हुआ। अगले दिन जब मैं विक्रम के बारे में सोच रहा था तो मुझे लगा कि इतना दु:खी मैं सिर्फ एक ही मौके पर हुआ था, जब 1989 में मेरी माँ का देहावसान हुआ था, लेकिन दु:ख और उदासी की बात करना कैप्टन विक्रम बत्रा की वीरता का अपमान करना होगा।

राष्ट्रपति केनेडी ने एक बार कहा था कि महत्त्वपूर्ण यह नहीं है कि देश आपको क्या दे रहा है, बल्कि महत्त्वपूर्ण यह होता है कि आप देश को क्या दे रहे हैं। कैप्टन विक्रम बत्रा ने देश को कुछ देनेवाले लोगों की सूची में अपना नाम सबसे ऊपर लिख दिया है। विक्रम जैसे फरिश्ते कभी मरते नहीं हैं, वे तो हमें अपने प्रेम और बलिदान का आशीर्वाद देने के लिए ही धरती पर आते हैं। कैप्टन विक्रम बत्रा जैसा वीर सपूत पाकर हमारी मातृभूमि धन्य हो गई। कहते हैं, भगवान् के कई रूप हैं, अगर ऐसा है तो मैं निश्चित रूप से कह सकता हूँ कि विक्रम उनमें से एक थे।

टेलीविजन पर तो मैं आपको और विक्रम के जुड़वाँ भाई को देख चुका हूँ। जब भी आपको बांबे या पश्चिमी भारत के किसी अन्य शहर में आने का मौका मिले तो कृपा करके मुझे जरूर याद करें।

सादर

—नितिन जे. संदेसरा

चेयरमैन

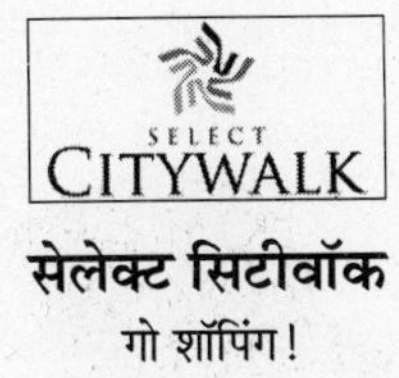

सेलेक्ट सिटीवॉक

गो शॉपिंग!

आदरणीय श्रीमान बत्रा,

गर्व और संवेदना की अनुभूति के साथ मैं आपको यह संदेश प्रेषित कर रहा हूँ और आपसे आग्रह करता हूँ कि अपने महान् सपूत शहीद कैप्टन विक्रम बत्रा के सम्मान में एक पुस्तक लिखें।

आपके बेटे ने अपने जीवन की कुरबानी देकर देश के लिए कारगिल पहाड़ी को सुरक्षित करते हुए हम भारतीय का सिर गर्व से ऊँचा कर दिया। आपको और आपकी धर्मपत्नी को अपने बहादुर बेटे पर गर्व होना चाहिए और बेटे की स्मृतियों को कायम रखने के लिए बहुत अच्छा होगा कि आप उस पर कोई पुस्तक लिखें। अच्छी श्रद्धांजलि होगी।

मैं अपने परिवार और सेलेक्ट सिटीवॉक की पूरी टीम की ओर से आपके महान् पुत्र के प्रति सम्मान प्रकट करता हूँ और आप जैसे माता-पिता के प्रति भी सम्मान प्रकट करता हूँ, अपने बेटे में जिन्होंने ऐसे उच्च आदर्श भरे थे। आपका बेटा मरा नहीं है, वह लाखों-करोड़ों भारतीयों के दिलों में आज भी जिंदा है। भारतीय इतिहास के क्षितिज पर वह ध्रुव तारे की तरह सदैव चमकता रहेगा। ईश्वर उनकी आत्मा को शांति दे।

आपके व श्रीमती बत्रा के प्रति आदर सहित,

आपका शुभेच्छु—

(इंदर शर्मा)

चेयरमैन

ये दिल माँगे मोर

बंदूकें गरज उठीं
आग उगलने लगे गोले,
चहुँ ओर अँधेरा पसरा था,
भारतमाता की पुकार सुन जब तुम निकले।
ऊँची-ऊँची दुर्गम चोटियाँ,
तुम्हें रोक न सकीं,
चाँद की रोशनी भी तुम्हें ढूँढ़ न सकी,
क्योंकि बादलों ने उन्हें रोक लिया था,
क्या हर आवाज पर तुम रुके थे?
इस डर से कि तुम्हारी पोजीशन (दुश्मन को) पता चल गई है,
क्या तब तुम्हारी उँगली रुकी थी,
जब तुमने दुश्मन को निशाना बनाया था?

तुम्हारी हिम्मत, तुम्हारी क्रोधाग्नि के समक्ष
टिक न सके थे दुश्मन
जब अपने जवानों संग
तुमने मोर्चा सँभाला था,
मुजाहिद्दीन भागे थे—पीठ दिखाकर,
चौकियाँ छोड़कर, (सैनिकों की) लाशें छोड़कर भागे थे,

टाइगर हिल तक पहुँचकर भी,
तुम्हारी विजय-पिपासा शांत न हुई,
और तुम बढ़ते रहे—
चौकी-दर-चौकी, आगे ही आगे।

अंत में रोक ली थीं अपने सीने पर,
तुमने दुश्मन की गोलियाँ,
और सो गए थे, चिरनिद्रा में,
वहीं, जहाँ तुम दुश्मन से लड़े थे,
तब हम तक पहुँचे थे,
तुम्हारी वीरता के सच्चे किस्से।

अब, बंदूकें शांत हो गई हैं,
दिल का दर्द बारिश के पानी के साथ बह गया है,
जो चला गया, वह कब लौटकर आया है,
पंख से हवाएँ, तुम्हारे स्वर में गुनगुनाती रहेंगी,
ये घाटी तुम्हारे नाम से गुंजायमान रहेगी।

—अज्ञात

❑

कैप्टन विक्रम बत्रा को श्रद्धांजलि

कारगिल की पहाड़ियाँ बोल उठीं—
"विक्रम, विक्रम,"
13, जम्मू-कश्मीर रेजीमेंट के सैनिकों ने आवाज दी—
"विक्रम, विक्रम,"
युगों-युगों से अनछुई शांत पड़ी
पहाड़ी चट्टानों से होकर जब वे आगे बढ़े थे,
छोड़ते हुए उन पर अपने शौर्य के पदचिह्न
जब वे वीर चल पड़े थे।

पाकिस्तानी सब आस खो बैठे,
जब विक्रम की ज्वाला धधक उठी थी,
विक्रम, तुम तो आए ही थे अपनी शौर्य-गाथा लिखने को,
मातृभूमि के गौरव-गान का हिस्सा बनने को।
भारत के घर-घर में टी.वी. स्क्रीन पर चमक उठी थीं
सैकड़ों तस्वीरें—
तस्वीरें विक्रम की वीरता की।
"शेरशाह, यहाँ क्यों आ गए?"
कहकर दुश्मन ने घुड़की दी,
"तुम्हारा खात्मा करने को,"—

कहकर विक्रम ने दुश्मन को ललकारा था।
टिक न सके बुजदिल दुश्मन,
कुछ गिरे, कुछ मरे,
कुछ पीठ दिखाकर भागे थे,

तब हंप और रॉकी नॉब तक
कदम बढ़े जवानों के।
फिर बारी थी प्वॉइंट 5140 पर
तिरंगा फहराने की।
'ये दिल माँगे मोर' की विजय-ललकार के
साथ तब आगे बढ़े थे विक्रम
और बढ़ते ही गए थे,
पाकिस्तानियों को मार भगाया,
मशीनगन और आग्नेयास्त्र कब्जे में लिया,
और चोटी पर तिरंगा फहरा दिया।

पर विजय-पिपासा शांत न हुई,
और "और", "और" की माँग करते गए,
अब बारी थी प्वॉइंट 4875 की,
काम कठिन था, पर हौसले बुलंद थे,
बुजदिल पाकिस्तानियों का काल बन गए थे विक्रम,
चार-चार को मार गिराया था,
दुश्मन के हौसले पस्त थे।
विजयश्री सामने थी,
नामुमकिन को मुमकिन कर दिखाया था।
तभी नियति ने अजीबोगरीब खेल खेला,
घायल साथी के बचाव में निकल पड़े,

और अपनी सुरक्षा की परवाह न की तनिक भी,
तभी एक गोली लगी उस शेरशाह के सीने में,
और मातृभूमि का वीर सपूत सो गया चिरनिद्रा में।

माँ कमल कांता का अभिमान था वह,
पिता गिरधारी लाल का चमकता लाल था वह,
भारतमाता का गौरव था वह,
भारत का दैवी वरदान था वह—
13, जम्मू-कश्मीर का शेरदिल विक्रम
जो 7 जुलाई, 1999 को सो गया चिरनिद्रा में।

—श्याम कुमारी

❑

शेरदिल

ये कहानी है एक शेरदिल जाँबाज की,
जिसकी वीरता दर्ज है, भारत के मस्तक (कश्मीर) पर,
उस शेरदिल की, जिसने बचपन से ही दिखाई थी,
जाँबाजी की बानगी,
लोगों की भीड़ में जो सबका चहेता था।
जिंदगी को बिंदास जीना,
खाना-पीना, संगीत, मौजमस्ती
जिसका शौक था।
एक आज्ञाकारी बेटा, एक आदर्श भाई था जो,
मंगेतर के मन का गर्व था, अभिमान था जो,
भारतमाता की आन-बान-शान था जो,
एक सच्चा जेंटलमैन, कर्तव्यपरायणता की पहचान था जो।

ये कहानी है एक वीर नौजवान की,
भारतीय सेना के एक जाँबाज ऑफिसर की—
जिसने दुश्मन को ललकारा था,
जो सेना का शेरशाह था,
जो अविचल था, अडिग था।
''शेरशाह, तुम्हारी लाशों को उठानेवाला कोई न होगा,''—
दुश्मन की धमकी थी जिसे।

"हमारी चिंता छोड़ो, अपनी सुरक्षा के बारे में सोचो,"
—जवाब था उस शेरशाह का।

ये कहानी है, उस विजय-पिपासु विजेता की,
'पूर्ण विजय' के लिए संकल्पित, समर्पित ऑफिसर की,
विजय-पथ पर बढ़ते जवानों के उस नेता की—
भय छू न सका था जिसे,
कठिन-से-कठिन अभिमानों के लिए जो तत्पर रहता था,
हर क्षण, हर पल,
जिसने सीमा पर दुश्मन को धूल चटाई थी
"तू बाल-बच्चेदार है, हट जा पीछे,"
—कहकर जिसने साथी जवान को बचाया था।

परंतु दुर्भाग्य!
दुश्मन के पाँच जवानों को मौत की नींद सुलानेवाला वह शेरदिल,
दुश्मन की गोली सीने में खाकर,
'जय माता दी' कहते हुए
भारतमाता की गोद में सदा-सदा के लिए सो गया।
7 जुलाई, 1999 का वह दिन हम कभी न भूल पाएँगे,
उसकी स्मृतियाँ हमारे दिलों में रहेंगी सदा,
जिसे मौत का डर न था, बल्कि उसे गले लगाने की बेताबी थी,
यह कहानी है 24 वर्षीय उस योद्धा की,
समर्पित ऑफिसर की, भारतमाता के सच्चे सपूत की,
परमवीर चक्र विजेता कारगिल के हीरो...
कैप्टन विक्रम बत्रा की।
जयहिन्द।

—रश्मि कायमल

❑

मेरे मन-मंदिर का देवता

आज जब बैठा था, मैं मन-मंदिर में,
मंदिर की घंटियाँ बजाते हुए,
देवताओं पर पूजा के फूल अर्पित करते हुए,
अपनी और सबकी सुरक्षा के लिए प्रार्थना करते हुए—
मुझे दर्शन हुए मन-मंदिर के उस देवता के,
जिसने देश के लिए अपना जीवन न्योछावर कर दिया।
मेरे प्रिय कैप्टन विक्रम सर,
आप ही हैं वह सच्चे देवता,
जिसने बहादुरी से लड़ते हुए पवित्र हिमालय पर से दानवों को मार भगाया!
धन्य है वह सरजमीं, जिस पर आपके शरीर का रक्त गिरा,
धन्य है वह नदी, जिसके पानी में आपकी अस्थियाँ विसर्जित हुईं,
कृतज्ञ है वह धरती आपकी जिस पर आपने जन्म लिया—
मातृभूमि के लिए किए गए आपके सर्वोच्च बलिदान के लिए
मेरे प्रिय सर, आपके चरणों में नतमस्तक हो,
मैं देश की रक्षा के उस संकल्प को,
पूरा करने के लिए वचनबद्ध हूँ,
जो मेरे मन-मंदिर का देवता बनने से पहले,
आपने लिया था।

—प्रणव पुंज

❑

संदर्भ-सूची

1. **सृंजॉय चौधरी**, 2000, डिस्पैचेज फ्रॉम कारगिल, नई दिल्ली : पेंग्विन बुक्स
2. **गौरव सावंत**, 2000, डेटलाइन कारगिल, नई दिल्ली : मैकमिलन
3. **मेजर जनरल इयान कार्डोजी**, 2005, परमवीर चक्र, नई दिल्ली, प्रभात प्रकाशन
4. **बरखा दत्त**, 2016, दिस अनक्वाइट लैंड, नई दिल्ली : अलेफ बुक कंपनी
5. **श्याम कुमारी**, 2006, ऑवर हीरोज : परमवीर चक्र रिसीपिएंट सीरीज, व्रज ट्रस्ट

❑❑❑